58歳で貯金がないと思った人のためのお金の教科書

ファイナンシャルアドバイザー
田中佑輝

アスコム

やることさえわかれば、
漠然とした「老後」の不安は消える。

なぜ、私たちは「老後のお金」が不安なのでしょうか。

病気になってお金がかかるかもしれないから。
何歳まで生きるか、わからないから。
どれだけお金が必要なのか、見当もつかないから。

年金だけでは何かあったときに足りないかもしれない。
そうした思いがあるかもしれません。

また、もし年金が足りなければ、家計の収支が毎月赤字になり、頑張って貯めてきた貯金が少しずつ減っていくことになります。

ですが、「お金が不安だから」と、株式や投資信託、不動産投資といった資産運用にだけ目が向いているなら要注意。いたずらにリスクを増やし、失敗するおそれもあります。

では、ここで、みなさんに「1万人以上の老後を救った鉄則」をお伝えしましょう。それは……

【老後を救うための鉄則】

資産運用×支出減×節税×制度の利用

当たり前のように見えますが、
これらができている人は、ほとんどいません。

どれも、簡単な方法で資産を増やすことができ、
老後を安心して暮らすために必要なことばかりです。

「老後を救うための鉄則」を実践した方々は、こんなに変わりました。

CASE1

夫（54歳　会社員）

家族構成　妻、子ども2人　住宅ローンあり

世帯年収　742万円　貯蓄　642万円

年金暮らしに入ると年間

約200万円の赤字

70歳で貯蓄がゼロになるはずが

⬅

80歳時点でも貯蓄

約800万円

を残せるように！

（詳細は17ページ参照）

CASE2

夫（61歳　元会社員）

家族構成　妻、子ども2人

世帯年収　360万円

貯蓄　1196万円

年金暮らしに入ると年間

約400万円の赤字

64歳で貯蓄がゼロになるはずが

⬅

80歳時点でも貯蓄

約2000万円

を残せるように！

（詳細は194ページ参照）

CASE3

夫（60歳　会社員）

家族構成　妻、子ども3人

世帯年収　480万円

貯蓄　383万円

年金暮らしに入ると年間

約80万円の赤字

72歳で貯蓄がゼロになるはずが

⬅

80歳時点でも貯蓄

約500万円

を残せるように！

（詳細は196ページ参照）

なお、本書ではインターネットが苦手という方のために、
ネットを一切使わずにできる方法を中心にご紹介しています。

「人生100年時代」といわれている今、
65歳でも70歳でも80歳でも
遅いということはありません。

ぜひ、この「お金の教科書」をご活用ください。

はじめに

◎今、多くの50代が、お金の悩みを抱えている

みなさん、こんにちは。

ファイナンシャル・プランナーの田中佑輝《ゆうき》です。

私は7年前、勤めていた銀行を退職して会社を立ち上げ、以後、「お金の総合相談窓口」として、老若男女、個人・法人問わず、**会社全体で年間2000組のご相談者のお金の悩みに応えてきました。**

相談の内容は、「年金の仕組みが複雑で、いまひとつ、よくわからない」「今入っている生命保険は正しいのだろうか？」といったものから、「退職金をどのように

もらい、どのように使ったらいいのかわからない」「誰も住んでいない地方の実家を、どう処分すればいいのか？」といったものまでさまざまですが、中でも、特によく耳にするのが、

「今、うちにはこれだけの資産があります。この資産で、死ぬまでお金に困らずに暮らしていけるでしょうか？」

といったご相談者からの質問です。

今、非常に多くの人が、60代以降のお金や生活に対し、漠然とした不安を抱えています。

その不安の大きな原因となっているのは、「定年後の、収入の激減」です。

日本の会社員のほとんどは、60歳で定年を迎えます。

２００４年に高年齢者雇用安定法が改正され、企業には、働き続けることを希望する社員を65歳まで雇用することが義務づけられましたが、多くの企業は「再雇用制度」を採用しています。

60歳で定年を迎え、その後**再雇用された人たちの給与水準は、定年前の50～60％程度であることが多く**、定年直前までは役職に就《つ》き、年収１０００万円前後だった人が、60歳になり、嘱託《しょくたく》として再雇用されたとたん、年収２００万～３００万円程度になってしまうというケースも少なくありません。

また、65歳から支給される公的年金も、決して十分な額ではありません。

厚生労働省は、報道発表資料「２０１８年度の年金額改定について」の中で、標準的な夫婦二人世帯（夫の現役時代の平均月収が42万８０００円で、妻が専業主婦）の、老齢基礎年金と老齢厚生年金を合わせた額を、月額22万１２７７円（年額にすると２６５万５３２４円）としています。

一方で、総務省の家計調査報告によると、2017年の高齢夫婦無職世帯（世帯主が60歳以上の無職世帯）の1か月の平均支出額（消費支出と税金、社会保険料などの合算）は26万5634円。

標準的な夫婦二人世帯の年金月額を上回っています。

公的年金の受給額には個人差がありますが、**年金収入だけでは生活が回らなくなり、貯金を切り崩さなければならなくなる可能性は、誰にでも十分にあるのです。**

◎50代後半からでも、資産を増やし、お金を長生きさせることができる

では、老後資金をどれくらい蓄《たくわ》えていれば、この世を去るまでお金に困らずにいられるのでしょうか。

メディアなどではよく、「老後資金は、一人あたり3000万円は必要だ」といわれていますが、この数字にショックを受けてしまう人はたくさんいるでしょう。

金融広報中央委員会「2017年家計の金融行動に関する世論調査」によると、50代の平均貯蓄額（金融資産保有額）は、単身世帯で1342万円、二人以上世帯で1113万円という数値が出ています。

ただ、これはあくまでも平均値です。

中央値（少ない順から並べたとき、真ん中に位置する貯蓄額）は単身世帯で130万円、二人以上世帯で400万円であり、貯蓄ゼロの世帯が、50代の単身世帯の43・0％、二人以上世帯の31・8％を占めているのです。

一生懸命働き、決して無駄遣いをしたわけでもないけれど、子どもの教育費や家のローンなどに追われ、50代までに十分な貯蓄をすることができなかった。

そのような人はたくさんいるはずです。

中には、「老後資金は、一人あたり3000万円必要」といった言葉を見るたびに、「いまさら、どうしようもない」と暗い気持ちになったり、「なるようになれ」と投げやりな気持ちになってしまったりする人もいるかもしれません。

でも、決してあきらめないでください。

50代からでも、60代からでも、資産を増やし、あなたのお金を長生きさせるためにできること、やるべきことはたくさんあります。

私は今まで、同じような悩みを持つ、数多くのご相談者のお話を伺ってきました。そして、ご相談者が60代以降の人生を、お金に困ることなく、できるだけ楽しく、安心して豊かに過ごすことができる方法をアドバイスさせていただいています。

定年退職して年金生活に入り、収入の大幅な増加が望めない中で、資産を増やし、お金を長生きさせるために、まずやらなければならないこと。

それは、**「家計・資産の現状を可視化すること」**です。

「なんだ、そんなことか」と思われるかもしれませんが、家計・資産の現状や課題、問題点を正確に知って初めて、今、できること、やるべきことが見えてくるのです。

◎家計の見直しで、70歳時点の金融資産がマイナス１１０万円→６８５万円に！

ここで、私が相談を受けた、実際の例を見てみましょう。

Aさんは54歳の会社員で、年収６７０万円。

奥さんは52歳で、パートで働いており、年収72万円。

お二人には25歳と22歳のお子さんがおり、相談内容は「下のお子さんが来年独立をするため、夫婦の老後のプランを作りたい」というものでした。

Aさんに、家計の現状および今後のお金の流れを表にしていただいたところ（表1）、次のようなことがわかってきました。

Aさん夫婦の年収を合わせると742万円ですが、その年の年間の支出合計は800万円。

そのうち特に大きかったのが、生活消費264万円、住宅ローンの返済117万円、お子さん関連の費用152万円、税金・社会保険料152万円であり、生命保険料も47万円支払っていました。

翌年からは、お子さん関連の支出がなくなるものの、6年後には定年により、Aさんの年収が200万円台となり、奥さんも60歳でパートをやめることがわかっていました。

加えて数年後には、収入源がお二人合わせて320万円ほどの年金だけとなり、貯蓄を切り崩さなければ生活できなくなります。

一方で、頼みの綱の貯蓄（金融資産）は、その時点で642万円。**貯蓄を切り崩し続ければ、Aさんが70歳になるころには、700万円ほどの退職金も含め、貯蓄がマイナスに転じてしまいます。**

そこで私は、次のような提案をさせていただきました。

①支払保険料の削減。
②貯金のうち500万円を、1％の利子が得られるよう資産運用。
③60歳時点で積立終了となる終身保険の解約返戻金648万円と退職金700万円、計1348万円のうち1000万円で、住宅ローンを繰上げ返済。
④生活消費のうち、月2万円を削減。

①と④については、お子さんの独立に伴い、それまでお子さんにかかっていた

表1　Aさん宅の今後のお金の流れ（現状）

			1	2	7	9	12	13	17	37
年			1	2	7	9	12	13	17	37
ライフイベント				第2子就職	Aさん定年再雇用	妻退職	リタイア Aさん退職 Aさん公的年金受給開始	妻公的年金受給開始		
家族の年齢	Aさん		54	55	60	62	65	66	70	90
家族の年齢	妻		52	53	58	60	63	64	68	88
家族の年齢	第1子		25	26	31	33	36	37	41	61
家族の年齢	第2子		22	23	28	30	33	34	38	58
年収	Aさん	給与・賞与	670	660	304	267				
年収	Aさん	公的年金など					266	266	227	227
年収	Aさん	退職給付など			700					
年収	Aさん	個人年金など								
年収	妻	給与・賞与	72	72	72					
年収	妻	公的年金など						13	92	92
年収	妻	退職給付など								
年収	妻	個人年金など								
年収	その他収入				648					
年収	世帯年収合計		742	732	1724	267	266	279	319	319
支出	税金・社会保険料		152	159	80	52	33	35	30	28
支出	生活消費		264	264	264	264	264	264	264	264
支出	住宅費		12	12	12	12	13	13	13	14
支出	教育費		152							
支出	保険料		47	47	29	29	29	29	29	29
支出	その他一時的		56	56	56	56	56	56	20	20
支出	住宅ローン返済		117	117	117	117	117	117	117	
支出	年間支出合計		800	655	559	531	511	513	473	355
年間収支			-58	78	1166	-263	-245	-234	-153	-36
年度末金融資産残高			642	720	2111	1668	852	618	-110	-826
住宅ローン残高			1737	1636	1115	900	570	458		

妻のパート収入

再雇用の給与所得

年金生活に

妻も年金生活に

解約辺戻金

教育費はここでストップ

資産残高がマイナスに

収入減に伴い収支がマイナスに

Aさん90歳時点の資産残高 -826万円

表2　Aさん宅の今後のお金の流れ（改善後）

年			1	2	7	9	17	37
ライフイベント				第2子就職	Aさん定年再雇用			
家族の年齢	Aさん		54	55	60	62	70	90
	妻		52	53	58	60	68	88
	第1子		25	26	31	33	41	61
	第2子		22	23	28	30	38	58
年収	Aさん	給与・賞与	670	660	304			
		公的年金など				267	227	227
		退職給付など			700			
		個人年金など						
	妻	給与・賞与	72	72	72			
		公的年金など					92	92
		退職給付など						
		個人年金など						
	その他収入				648			
	世帯年収合計		742	732	1724	267	319	319
支出	税金・社会保険料		152	159	80	52	30	28
	生活消費		240	240	240	240	240	240
	住宅費		12	12	12	12	13	14
	教育費		152					
	保険料		36	36	18	18	18	18
	その他一時的		56	56	56	56	20	20
	住宅ローン返済		117	117	1117			
	年間支出合計		765	620	1524	379	321	320
年間収支			-23	113	200	-112	-2	-1
年度末金融資産残高			984	805	1410	1180	685	889
住宅ローン残高			1737	1636	106			

生活消費を24万円減

保険料を11万円減

住宅ローンを繰上返済

Aさん90歳時の資産残高889万円

月々2万円の生活消費と、「子どものために」と入っていた、月々1万円弱の生命保険料を、簡単にカットすることができました。

②については、米国債の運用を始めていただきました。

60歳で終身保険を解約し、61歳で住宅ローンを完済したこと、収入減に伴い税金や社会保険料が減ったこともあり、62歳からは、年間の支出が約150万円減少。

さらに67歳以降、奥さんの年金が年92万円ずつ入ってくるため、Aさん夫婦はほぼ、年金だけで生活できるようになり、**表2のように、貯蓄を減らすどころか、資産を増やしつつ、いつまでも安心して暮らせるようになったのです。**

まさに「理想的な老後の生活」といえるでしょう。

◎家計を見直すことで、理想の老後が手に入る

同様に、家計を見直すだけで、無理なく「お金を長生きさせられるようになっ

た」ケースはたくさんあります。

どのご家庭にも必ず、うまく活用できていない資産があり、無駄な支出がありま す。

また、年金制度などについてきちんと知ることで、受け取ることのできるお金の額が変わることもあります。

「60歳以降の生活のために資産を増やす」「お金を長生きさせる」というと、「資産運用をしなければ」と思われる方もいらっしゃるかもしれませんが、**本当にお金を増やせる人、お金を長生きさせられる人は、「資産運用」「支出減」「節税」「制度の活用」のすべてを重視しています。**

資産運用ももちろん大事ですが、そこだけに頼りすぎると、結果的にリスクを増やすことになります。

そうではなく、「家計の現状を把握する」「公的な制度についての情報を集め、もらえるお金はきちんともらう」など、「お金を増やすために確実・簡単にできることをきちんとやる」ことの大切さをわかっているのです。

この本は、過去のさまざまな相談事例を踏まえ、できるだけ多くの人に資産を増やしていただくために、そして将来のお金の不安から解放され、無理せず、楽しく60代以降の人生を送っていただくために書いたものです。

私は、**家計を改善し、お金の不安をなくすためには、次の3つのポイントが重要**だと思っています。

①家計の現状と今後のお金の流れを把握し、課題や問題点を確認すること。
②社会保障や税金などに対する理解を深め、無駄がなくバランスの良い収支を構築すること。
③投資についての知識を得て、リスクに対応でき、家計を守ることのできる資産運

用をすること。

そしてこの本では、これらのポイントを踏まえ、みなさんにやっていただきたいことを、できるだけわかりやすくまとめました。

「老後のために、なんとしても3000万円貯めなければ」などとやみくもに焦るのではなく、現状を知り、実現しうる理想的な未来像を描き、そこに向けて、今、無理なく確実にできることを実践し、安心で、より豊かな老後を手に入れる。

この本が、そのための助けになれば、幸いです。

ぜひあなたの資産を増やし、お金を長生きさせてあげてください。

目次 CONTENTS

PART 2

貯蓄が足りない人、必見！

知らなければ大損！申請すればもらえるお得な「年金」を大公開！

PART 3

計算はカンタン！

PART 4

老後資金の増やし方
ステップ①

PART 5

老後資金の増やし方
ステップ②

幸せな老後に「資産運用」は外せない！ギャンブル性ゼロ、元本保証の米国債で着実にお金を増やそう！

PART 6

老後資金の増やし方
ステップ③

「年金」「資産運用」だけじゃない！人生を豊かにする選択肢を教えます！

PART 1

これからの人生を
変えよう！

ねんきん定期便を見るだけで60歳からの収支は劇的に変わる！

老後を楽しく暮らすために！「60歳からの収支」をしっかり考えよう

この本では、みなさんに60代以降の人生を安心して、より楽しく豊かに過ごしていただくための「資産の増やし方」についてお伝えしていきますが、何よりもまず、みなさんに認識していただきたいことがあります。

それは、**「60歳から、家計の収支は大きく変わる」**ということです。

その変化をもたらす最大の要因は、**収入の急激な低下**です。

「はじめに」でもお話ししたように、日本では、60歳になって定年を迎えた後、再雇用された時点で給与が大きく減ります。

極端な場合には、それまでの5分の1になることすらあります。

65歳になり、**年金が受給できるようになっても、状況はあまり変わりません。**

２０１８年度の、標準的な夫婦二人世帯（夫の現役時代の平均月収が42万８０００円で、妻が専業主婦）の、老齢基礎年金と老齢厚生年金を合わせた額は、月額22万１２７７円（年額にすると２６５万５３２４円）となっています。

夫婦ともに企業で働いていた場合には、二人分の老齢厚生年金を受給できますが、合わせて300万〜400万円ほどという世帯が多いのではないでしょうか。いずれにせよ、50代までの年収には遠く及ばないケースがほとんどのはずです。

もしかしたら、みなさんは「何を当たり前のことを」と思われるかもしれませんが、その「当たり前のこと」をあえて書いているのには理由があります。

頭では「60歳になると、収入が減る」とわかっていても、人はなかなか、それに合わせて生活を変えることができないのです。

特に、**現役時代の所得が多かった人ほど、収入が減ったとき、より生活に困難を覚える傾向があります。**

その理由の一つは、今の年金システムにあります。

みなさんは、「所得代替率《だいたい》」という言葉を聞かれたことがあるでしょうか？

所得代替率とは、現役世代の平均手取り収入額（ボーナスを含む）に対する、給付開始時点の年金額の割合を示したものであり、これによって年金の給付水準がわかります。

ちなみに、厚生労働省の「平成26年　財政検証結果レポート」によると、現役世代男性の平均月収約34万8000円に対し、モデル世帯（会社員の夫が平均賃金で40年間働き、妻は専業主婦の世帯）の年金額は21万8000円で、所得代替率は62・7%でした。

そして、**現役時代の収入がモデル世帯より少なかった人は、所得代替率が高くなり、収入がモデル世帯より多かった人は、所得代替率が低くなる**という仕組みになっています。

つまり、公的年金は、収入が少なかった人ほど有利になっているのです。

「収入が多かった人は、公的年金以外にも、貯蓄や個人年金保険などへの加入によって、より多く老後に備えることができるけれど、収入が少なかった人は、公的年金が老後の生活の基盤となるため、より手厚くしなければならない」という考え方が基本にあるためです。

しかし実際には、収入が多い世帯が、必ずしも老後に備えられているとは限りません。

むしろ、**現役時代に収入が多かったがゆえに支出も多く、資産が形成できていない世帯も多い**のです。

特に、バブル期を経験している世代だと、当時の金銭感覚が身についてしまっていることが少なくありません。

私は今まで、定年を迎えた60代以降のご相談者から「貯金を切り崩しながら生活しているけれど、このままだと資産が底をついてしまいそうです」といったお悩みをしばしば聞いてきました。

その都度、家計の状況をお伺いしているのですが、**収入が大きく減ったにもかか**

わらず、支出の内容や額があまり変わっていないというケースが少なくありません。

収入が減ったのはわかっているけれど、細かく家計をチェックすることなく、漠然と「大丈夫」「何とかなる」と思ってしまう。

以前の生活スタイルを、ずるずると続けてしまう。

家計を改善させ、資産を増やし、60代以降の生活をより豊かなものにするためには、まず現状、そして今後のお金の流れを明確に、客観的に把握し、お金に対するこのような意識を変える必要があるのです。

POINT

・60歳になり、定年退職すると、収入は大きく減る。それをしっかりと認識することが、お金の不安をなくす第一歩となる。

まず、ねんきん定期便を用意。
持っていなければ、
専用ダイヤルに
電話して再発行を！

60代以降の生活について考える際、まず正確に知っておきたいのが、年金に関することです。

定年を迎えた後、誰にとっても、年金は大きな収入源となります。

しかし、**ひと口に「年金」といっても、支給が開始される時期や受給額は、人によって大きく異なります。**

現役時代に欠かさず保険料を払い続けていた人と未払いの期間がある人、定年まですっと企業で働いていた人と自営業の人とでは、受給額が違ってきますし、どのような受け取り方を選択するかによっても、受給額や受給開始年齢は違ってきます。

おそらく、みなさんの中には、60代以降の生活について「再雇用で給料が減る分を年金で補填《ほてん》しよう」「年金をもらいながら、貯金を少しずつ切り崩していけば、何とか生活していけるのではないか」と漠然《ばくぜん》と考えている方もいるでしょう。

逆に、「年金を頼りにしていていいのか」と不安に思っている人もいるかもしれません。

少子高齢化の進行や不況などに伴って、年金行政は厳しい状況に陥っており、公的年金の受給開始年齢が引き上げられるとともに、支給額は徐々に減っています。

ですから、「年金があれば何とかなるんじゃないか」と楽観視することはできませんが、やみくもに怖がる必要もありません。

大事なのは、「自分が何歳から、いくら年金を受給できるのかを正確に知る」ことです。

それがわかれば、その年金収入に合わせたライフプランを考えればいいだけなのです。

ではここで、「年金とは何か」について、あらためてお話ししましょう。

すでにご存じだと思いますが、**年金には大きく分けて、「国民年金」と「厚生年金」があります。**

そのうち国民年金は、20歳以上60歳未満の国民全員が加入しなければならないもので、「基礎年金」とも呼ばれており、保険料は全国民同じ金額です。

国民年金保険料は毎年増え続けており、1990年度に月額8400円だったものが、1993年度には1万500円と1万円を超え、2018年度には1万6900円となっています。

年金制度の体系図

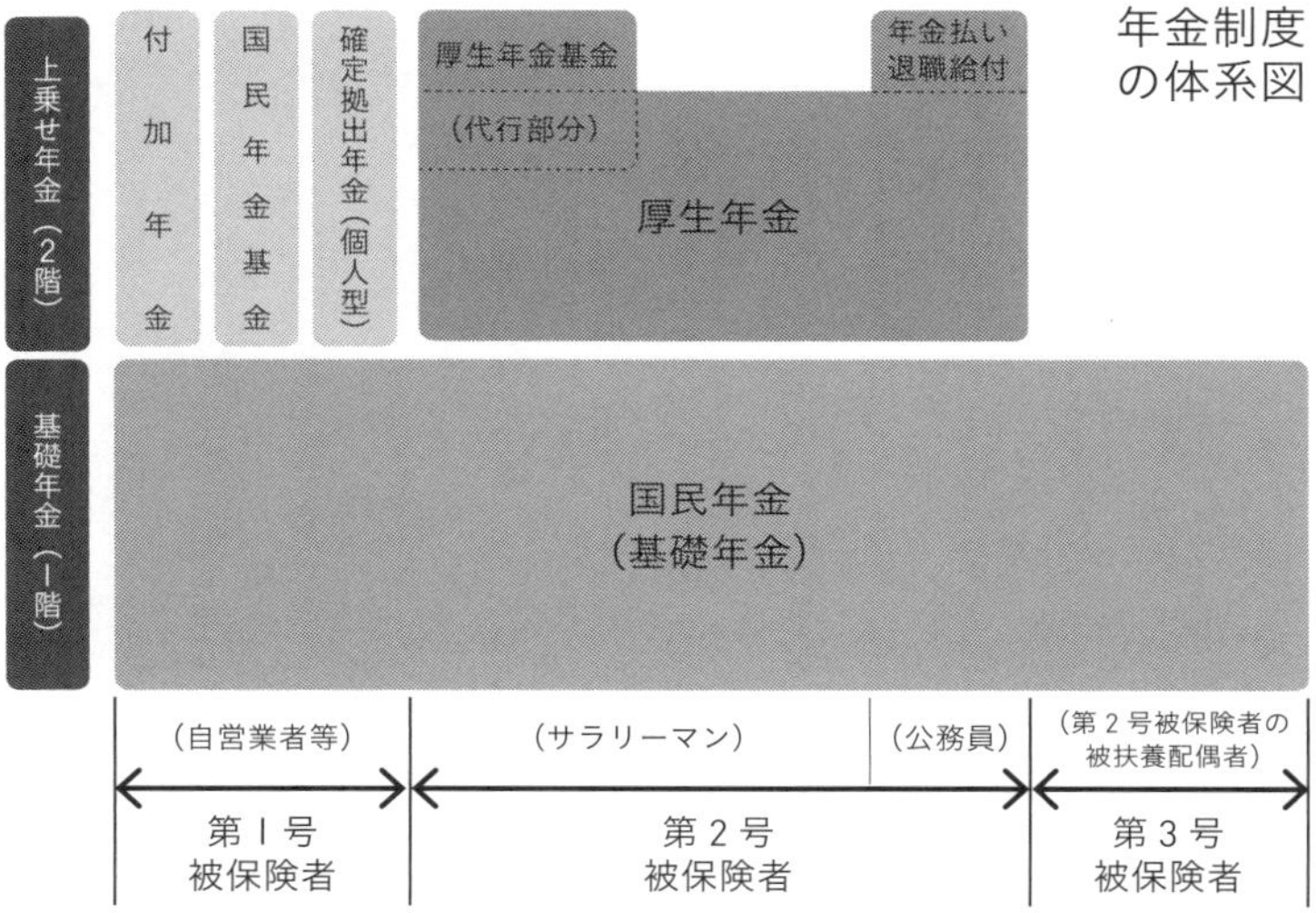

国民年金の受給額は、保険料を払った期間によって決まります。

20歳から60歳まで40年間（480か月）、保険料を払い続けた人は、年金を満額受給することができますが、途中に保険料を納めていない期間があると、その分だけ減額されることになります。

以前は、最低25年以上保険料を納めていなければ国民年金を受け取ることができませんでしたが、2017年10月以降、年金を受け取るのに必要な保険料の納付期間が最低10年以上となりました。

なお、国民年金のみの加入者を対象とした、「付加年金」「国民年金基金」「確定拠出年金（個人型）」といった「上乗せ年金」の保険料や掛金を払っていた人は、払った金額や期間に応じて、より多くの年金を受け取ることになります。

一方、**厚生年金は、民間企業の会社員や公務員が加入するもので、保険料は給与の額に応じて変わり、原則70歳まで加入することができます**（ただし「高齢者任意加入被保険者」という制度があり、70歳以上の人でも、原則としては全額自己負担、会社の同意があれば労使折半で加入することができます）。

厚生年金加入者は毎月、国民年金保険料と厚生年金保険料を合わせた額を払い（たいていは給与から天引きされ、企業側が社員の保険料をまとめて納めます）、将来的には、国民年金と厚生年金を合わせた額を受け取るわけです。

厚生年金を受給するためには、厚生年金保険料を1か月以上（老齢厚生年金については1年以上）納める必要があります。

ちなみに、夫が自営業者であった場合、妻も国民年金の保険料を納めなければなりませんが、厚生年金加入者（会社員や公務員）に扶養されている20歳以上60歳未満の配偶者で、年収130万円未満の人は、国民年金保険料を納付する必要はありません。

また、高齢者が受け取る国民年金は「老齢基礎年金」、厚生年金は「老齢厚生年金」とよばれ、いずれも基本的には65歳から受給できますが、年金加入者が受け取ることのできる年金は、老齢年金だけではありません。

たとえば病気やけがをして、体に一定以上の障害が残ったときには「障害基礎年金」（その人が厚生年金に加入していれば障害厚生年金）が、一家の働き手が亡くなったときには「遺族基礎年金」（亡くなった人が厚生年金に加入していれば遺族厚生年金）が支給されます。

さて、話を老齢年金に戻します。

みなさんは65歳以降、国民年金もしくは厚生年金を、いったい月々いくらずつ受け取ることができるのでしょう。

ずっと自営で仕事をしてきた人、ずっと会社勤めをしてきた人、ずっと専業主婦をしてきた人、何年間か会社勤めをし、その後自営になった人、保険料を払っていない期間がある人……。

それぞれの生き方によって、年金のトータルの受給額は異なります。

ご自分が将来受け取れる年金の見込み額が知りたい方は、**「ねんきん定期便」によって、受給できる年金の見込み額を知ることができます。**

ねんきん定期便は、2009年以降、社会保険庁（現在は日本年金機構）が国民年金や厚生年金の被保険者向けに発行している通知書で、

①年金加入期間
②老齢年金の見込み額
③これまでの保険料納付額
④年金加入履歴
⑤厚生年金のすべての期間の、月ごとの標準報酬月額・標準賞与額・保険料納付額
⑥国民年金のすべての期間ごとの保険料納付状況

が記されており、**年金受給年齢になるまで、節目の年**（35歳、45歳、59歳）**の誕生月には封書で、それ以外の年の誕生月にはハガキで送付されます。**

さまざまな情報が載っており、見づらいかもしれませんが、**老齢年金の受給開始年齢と見込み額だけを知りたい場合は、47ページの図の①〜④をチェックすれば十分です。**

これは、50歳以上の方に送られるねんきん定期便であり、

①には受給開始年齢が、
②には老齢基礎年金の見込み額（年額）が、
③には老齢厚生年金の見込み額（年額）が、
④には老齢基礎年金と老齢厚生年金の見込み額（年額）の合計が、

それぞれ記されています。

「ねんきん定期便」のここをチェック！

50歳以上の方に送られる「ねんきん定期便」（表）

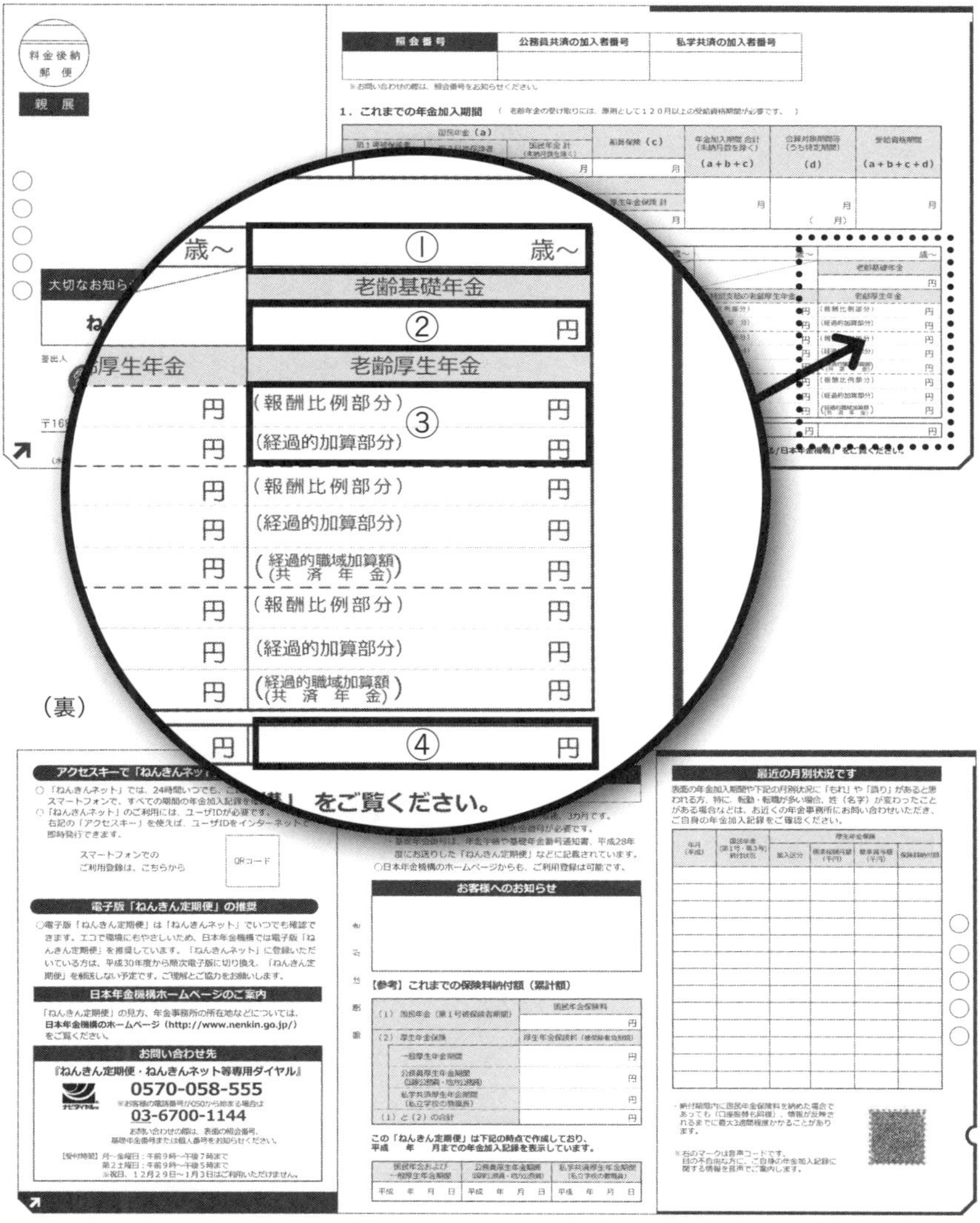

「ねんきん定期便が見当たらない」という人は、インターネットを介して、「ねんきんネットサービス」で確認することもできますし、**電話で再発行を依頼することもできます。**

電話の場合は、以下の番号にかけ、担当者に「ねんきん定期便を紛失してしまったので、再発行を依頼したい」と伝えましょう。

「ねんきん定期便・ねんきんネット等専用ダイヤル」

0570－058－555

（自分の電話番号が050から始まる場合は、03－6700－1144）

将来受け取れる年金のおおよその年額は、49ページのような計算式で出すこともできます。

公的年金受給額を計算する方法

以下の方法で、将来受け取ることができる公的年金の予想年額を、簡単に算出することができます。

1. 国民年金

77万9300円×加入月数（※1）÷480か月

※1　未納期間があれば、その月数を引きます。

2. 厚生年金

5500円×会社員としての就業期間
×38歳時の年収の100万の位（※2）

※2　38歳時の年収が300万円台なら「3」、400万円台なら「4」となります。

1と2の合計額が、1年間の年金受給額となります。
また、税金や社会保険料を引いた手取り額は、その約90％程度です。

たとえば、大学に現役で入学し卒業したものの、大学時代（20〜22歳）は国民年金を払っておらず、38歳時の年収が500万円台だった場合、

国民年金：77万9300円×456か月÷480か月＝74万335円
厚生年金：5500円×37年×5＝101万7500円
合計額：74万335円＋101万7500円＝175万7835円

となり、税金や社会保険料を約10％考えると、手取り額は、

175万7835円×90％＝158万2051円

となります。

ところで、**老齢基礎年金は、受給開始年齢になれば自動的に受け取ることができ**

るわけではありません。

支給開始年齢に達する3か月前に、日本年金機構から送付される「年金請求書」という書類と、受取先金融機関の通帳、印鑑などを年金事務所に持参し、受給手続きをする必要があります。

手続きをしないと受給開始が遅れてしまうので、気をつけましょう。

POINT

・**自分が受給できる年金の額を知って初めて、60歳からのライフプランが立てられる。年金の額は「ねんきん定期便」でチェックしよう。**

「年金生活」で年収はだいたい200万円ダウンする？

さて、みなさん、ご自身が将来受け取ることのできる年金の額はおわかりになったでしょうか？

具体的な額を知って、おそらく、ほとんどの人は「思ったよりも少ない」と感じられたのではないでしょうか。

たとえば、**2018年度の老齢基礎年金の満額支給額は77万9300円、月額にすると6万4941円**です。

しかもこれは、国民年金保険料を40年間（480か月）、欠かさず払い続けた人が、65歳から受給を開始した際に受け取れる額であり、年金の「繰上げ受給」をした人や、国民年金保険料の未納期間があった人は、受給額が減ってしまいます。

繰上げ受給に伴う減額については、後で詳しく説明しますが、**未納期間については、全期間に対する未納期間の割合分だけ差し引かれます。**

たとえば、未納期間が一年間（12か月）であれば、

77万9300円×12か月(未納期間)÷480か月=19482円

となり、受け取れる額が一年あたり約2万円少なくなるわけです。

ちなみに、厚生労働省が2017年に発表した「平成28年度 厚生年金保険・国民年金事業の概況《がいきょう》」によると、2016年度の、老齢基礎年金受給者の平均年金月額は5万5464円でした(年額にすると66万円程度)。

さらに、**老齢基礎年金の支給額は、物価の変動や保険料収入に合わせて見直されます。**

今後、物価が下がったり、少子化や現役世代の所得の低下によって保険料収入が減ったりすると、老齢基礎年金の支給額も減ってしまう可能性があります。

夫婦ともに国民年金のみに加入していた場合、2018年度の満額で受け取ったとしても、二人分合わせて月額約13万円、年額約156万円ですから、これだけで生活するのは、かなり厳しいと言わざるをえません。

では、厚生年金に加入していた場合はどうでしょう。

やはり「平成28年度　厚生年金保険・国民年金事業の概況」によると、**2016年度の老齢厚生年金受給者の平均年金月額**（**老齢基礎年金分含む**）**は、14万7927円**（**年額にすると、14万7927円×12か月＝177万5124円**）です。

ただ、老齢厚生年金の受給額は、加入歴と、その期間の収入によって左右されるため、当然のことながら、より多く支給される人もいれば、より少ない人もいます。基礎年金と厚生年金を合わせて、月額10万円以下の人がたくさんいる一方で、30万円を超える人はほとんどいないといえるでしょう。

共働きで、夫婦ともに長期にわたって厚生年金に加入していれば、年金収入が夫婦合わせて月額30万円程度、年額350万円程度になる可能性もありますが、妻が専業主婦もしくはパートタイマーだった場合、妻の年金収入は基礎年金のみとなり、夫婦合わせての年金収入は、月額20万~25万円程度、年額250~300万円程度であることが多いでしょう。

実際、厚生労働省は、報道発表資料「2018年度の年金額改定について」の中で、標準的な夫婦二人世帯（夫の現役時代の平均月収が42万8000円で、妻が専業主婦）の、老齢基礎年金と老齢厚生年金を合わせた額を、月額22万1277円（老齢基礎年金6万4941円×二人分、厚生年金9万1395円×一人分。年額にすると265万5324円）としています。

一方、2017年に国税庁が発表した「平成28年分　民間給与実態統計調査」によると、年齢階層別の平均給与（年ベース）は、50代前半で504万円、50代後半で494万円です。

あくまでも平均値での比較になりますが、65歳以降、**年金生活に入ると、現役時**

代に比べて、年収は200万〜250万円も下がってしまうのです。

さらに、総務省の家計調査報告によると、2017年の、二人以上の世帯のうち高齢夫婦無職世帯（世帯主が60歳以上の無職世帯）の1か月の平均支出額（消費支出と税金、社会保険料などの合算）は26万5634円。

年金収入だけに頼っていると、足りなくなる可能性が高くなります。

そうならないためには、まず収入を増やす手段をできるだけ早めに講じること、そして支出を見直し、不要な出費を減らすことが必要となってくるのです。

POINT

- **夫婦二人世帯がもらえる年金の標準的な額は、月額22万1277円。年約200万円の収入ダウンに備え、さまざまな手を打っておこう。**

年金を何歳から受け取るのが一番トクかを考える

定年後、たとえ収入が減っても、できるだけ豊かな生活を送るためには、**年金のさまざまな仕組みを早めに知り、いかに年金を受け取るかが重要**です。

実は、老齢基礎年金や老齢厚生年金の受給額は、

・年金をいつから受け取るか。
・働きながら年金を受け取るかどうか。

によって、大きく変わってくるのです。

ここでは、まず「年金をいつから受け取るか」についてお話ししましょう。

現在、老齢基礎年金と老齢厚生年金の受給開始年齢は、原則的には65歳と決まっていますが、60歳から70歳までの間で受け取る時期を選び、**繰上げもしくは繰下げ**

を請求することができます。

「定年後、収入が大きく減ってしまって生活が苦しいため、少しでもお金が欲しい」「いつまで生きられるかわからないし、年金制度もどうなるかわからないから、できるだけ早く年金をもらいたい」という人にとっては、受給開始年齢を早められる「繰上げ」は、とても魅力的に感じられるかもしれません。

ただ、繰り上げても同じ額を受け取れるのであればよいのですが、**受給開始年齢を65歳より早めた場合は、残念ながら1か月繰り上げるごとに0・5%ずつ、年金が減額されます。**

たとえば、60歳から年金を受け取ることにした場合、5年（60か月）分繰り上げることになりますから、30%（60か月×0・5%）が減額されます。

2018年時点で、本来なら老齢基礎年金を満額（年額77万9300円、月額

6万4941円）もらえる人が、60歳から年金を受け取ることにした場合、支給額は、

年額：77万9300円×70％＝54万5510円
月額：54万5510円÷12か月＝4万5459円

となりますから、月あたり約2万円、年あたり約23万円少なくなってしまうのです。

そしてこの金額は一生変わらず、一度繰上げを請求し、認められてしまうと、取り消しや変更もできません。

逆に、**受給開始年齢を65歳より遅くした場合（繰下げ）は、1か月繰り下げるごとに0・7％ずつ、年金が増額されます。**

やはり2018年時点で、本来なら老齢基礎年金を満額（年額77万9300円、月額6万4941円）もらえる人が、5年分繰り下げ、70歳から年金を受け取ることに

した場合、42％（60か月×0・7％）増額されますから、支給額は、

年額：77万9300円×142％＝110万6606円
月額：110万6606円÷12か月＝9万2217円

となり、月あたり約3万円、年あたり約33万円多くなります。

「当面、生活には困らないから、年金をもらうのはもう少し後でいい」「その分、多めに年金をもらいたい」という人であれば、繰下げを選ぶのもありでしょう。

なお、**繰上げ受給と繰下げ受給、どちらの方が金額的にトクなのかは、「何歳まで年金を受け取るか」によって左右されます。**

表3をご覧ください。

あくまでも２０１８年度の満額支給額をベースに、税金等を考慮せずに試算した結果ですが、**60歳から繰上げ受給した場合、76歳以降は、受け取った年金の累計額が、65歳から受給した場合に比べて、どんどん少なくなっていきます。**

一方、**70歳から繰下げ受給した場合は、81歳以降、年金の累計額が、65歳から受給した場合に比べて、どんどん多くなります。**

仮に１００歳まで生きたとすると、受け取った年金の累計額は、繰上げ受給の場合、本来の額に比べて約５７０万円少なく、繰下げ受給の場合は約６２０万円多くなるのです。

表3　繰上げ受給と繰下げ受給の年金額累計推移

	60歳から繰上げ受給	65歳から受給	70歳から繰下げ受給
75歳	872万8160円	857万2300円	663万9636円
80歳	1145万5710円	1246万8800円	1217万2666円
85歳	1418万3260円	1636万5300円	1770万5696円
90歳	1691万810円	2026万1800円	2323万8726円
100歳	2236万5910円	2805万4800円	3430万4786円

これはあくまでも老齢基礎年金だけの金額であり、老齢厚生年金を繰り上げたり繰り下げたりした場合には、さらに差は大きくなります。

単純に金額だけに注目して考えると、早くに亡くなる人は繰上げ受給した方が「トク」であり、長生きする人は繰下げ受給した方が「トク」である、ということになりますが、考え方は人それぞれであり、正解はありません。

ちなみに、「平成28年度　厚生年金保険・国民年金事業の概況」によると、2016年度の老齢基礎年金受給者数3056万人のうち、繰上げ受給をした人は393万人、繰下げ受給をした人は40万人、本来の年齢（65歳）で受給を開始した人は2623万人であり、たとえ**受け取れる金額は多くても、繰下げ受給をする人がきわめて少ない**ことがわかります。

60歳以降の人生のうち、額は少なくなっても、早い段階で年金をもらった方がいいのか、受給開始は遅くなっても、多くもらえた方がいいのか、あるいは繰上げも繰下げもせず、普通にもらった方がいいのか。

「自分が何歳まで生きられるか」がわからない以上、判断が難しい部分もありますが、ご自身の経済状態（貯蓄がどのくらいあるか、個人的に年金型保険などに加入しているか、何歳まで働くことができるか）や健康状態、将来の見通しなどを考慮し、できるだけ後悔の少ない道を選びましょう。


私が考える、「繰上げ受給した方がいい人」「繰下げ受給した方がいい人」の条件は、以下の通りです。

もし迷ったときには、参考にしてみてください。

◎繰り上げた方がいい人

・収入がないなど、貯蓄から生活費を削っている人
・60〜65歳の生活が苦しい人

・「自分は早く死ぬ」と思っている人

◎繰り下げた方がいい人

・仕事を長く続けたい人
・「自分は長生きする」と思っている人

ところで、厚生年金に関しては、1961年4月1日よりも前に生まれている男性（公務員の女性も含む）および、1966年4月1日よりも前に生まれている女性に限り、65歳よりも前に厚生年金を受け取ることができます。

これは、かつて60歳だった老齢厚生年金の支給開始年齢が65歳に引き上げられたことに伴う経過措置として設けられた仕組みであり、老齢厚生年金の「特別支給」といいます。

金額は、老齢基礎年金のように「繰上げでもらう分、減額される」ということはなく、65歳以降の老齢厚生年金と同額です。

厚生年金に加入していたことがあり、この条件に該当《がいとう》する人は、ぜひ「ねんきん定期便」などで、何歳からどのくらいの額の特別支給を受け取ることができるのか、確認してみてください。

POINT

・年金の繰下げ受給で受給額は増えるが、それがベストの選択とは限らない。自分のライフプランに合わせて、どのタイミングで受け取るかを決める。

「社員」以外の働き方を選択すれば、年金は多くもらえる

もしみなさんが定年後、再雇用などで働きながら年金を受け取るのであれば、ぜひ知っておいていただきたいことがあります。

それは**「60歳以降、『会社員』として働き続けると、老齢厚生年金の支給額が減ったり、場合によっては、厚生年金全額の支給が停止されたりする可能性がある」**ということです。

実は、老齢厚生年金には「在職老齢年金」という仕組みがあります。

これは、「60歳以上70歳未満の人が厚生年金に加入しながら働いたり、70歳以上の人が厚生年金保険のある会社で働いたりした場合で、**給与と老齢厚生年金の合計が一定額以上となったときには、超過分を老齢厚生年金から調整した額が支給される**」というものです。

調整の基準となる額は毎年改定され、老齢厚生年金の特別支給を受けている60代前半（60歳以上65歳未満）の人と、65歳以上の人とで異なります。
２０１８年度の例を見ると、60歳前半の基準額は月額28万円、65歳以上の基準額は46万円です。

詳しい計算方法の説明は省略しますが、大まかにいうと、**給与の月額（対象となる月の標準報酬月額と、対象となる月以前一年間の標準賞与額の合計を12で割って合算した金額）と、老齢厚生年金の支給額の月額の合計のうち、この基準額を超えた分の半分が、老齢厚生年金から減額される**のです。

たとえば、63歳から老齢厚生年金の特別支給を受けられる男性で、給与の月額が15万円、老齢厚生年金の額が月額10万円の人の場合、合計額は25万円となります。
これは、60代前半の基準額である28万円に達していないため、在職老齢年金による支給停止はなく、老齢厚生年金は全額支給されます。

しかし、給与の月額が20万円だと、合計額は30万円となり、基準額より2万円多くなってしまいます。

すると、超過した2万円の半分である1万円が、老齢厚生年金から減額されます。本来なら、老齢厚生年金として10万円受け取れるはずだったのが、9万円しかもらえなくなってしまうわけです。

なお、この人が同じ給与で働き続けた場合、65歳以降は基準額が46万円に上がるため、超過分がなくなり、老齢厚生年金からの減額もなくなります。

もしかしたら、みなさんの中には「厚生年金の受給額が減るんだったら、働いて収入を増やすだけ損ではないか」と思ってしまう人もいるかもしれませんが、**減額されるのは、あくまでも基準額を超えた金額の半分だけであり、給与が増えれば増えるほど、収入自体が増えるのは確かです。**

また、60歳以降も厚生年金に加入しながら働けば、当然、それも加入期間に合算され、将来受け取ることのできる厚生年金の額が増えます。

それでも「どうしても年金を減らされたくない」と思うのであれば、**フリーランスという立場で仕事を請け負うなど、「会社に所属せず（厚生年金に加入せず）に働く」という方法があります。**

厚生年金に加入せずに働く分には、調整の対象にはならないからです。

しかも、厚生年金の保険料を払う必要もなくなるため、収入の手取りが増えるというメリットもあります。

もし60歳以降も働き続ける予定がある場合は、給与の月額と老齢厚生年金の支給額の月額の合計が基準額に達する可能性があるかどうかを確認し、どのような形態で働くのがベストであるかを考えてみてください。

ちなみに、在職老齢年金制度によって年金の額が減らされたり、支給が停止されたりするのは、老齢厚生年金だけであり、老齢基礎年金や遺族厚生年金、障害厚生年金には影響はありません。

POINT

・会社員として働きながら年金をもらうと、受給額が減ってしまうことも。どのような働き方が一番「トク」なのかしっかり考え、悔いのない選択を。

PART 1 まとめ

●ねんきん定期便がない人は、
以下に電話して再発行を！

●老齢基礎年金は、受給開始年齢になれば自動的に受け取ることができるわけではないので要注意！

●どのくらいの額の年金を受け取れるのか、確認しよう。

「ねんきん定期便」の相談はこちら

「ねんきん定期便・ねんきんネット等専用ダイヤル」

0570-058-555

（自分の電話番号が050から始まる場合は↓）

03-6700-1144

PART 2

貯蓄が足りない人、
必見！

知らなければ大損！
申請すればもらえる
お得な「年金」を大公開！

妻が年下か、子どもが18歳未満なら「加給年金」の手続きを

もしあなたが20年以上厚生年金に加入しており、かつ、扶養《ふよう》している年下の配偶者、あるいは18歳未満のお子さんがいるなら、「加給年金《かきゅう》」について知っておいた方がいいでしょう。

というのも、年金の繰下げ受給をしたとき、場合によっては少し損をしてしまう可能性があるからです。

加給年金は、65歳になって老齢厚生年金を受給し始めたとき、扶養している65歳未満の配偶者や18歳未満の子どもがいれば支給される年金であり、「年金の家族手当」ともいわれています。

夫が定年になり、先に年金を受給する年齢になったとき、夫一人の年金では生活が厳しいため、妻の老齢基礎年金が支給されるまで（もしくは子どもが18歳以上になるまで）の間、加給年金が、夫の年金に上乗せされて支給されるのです。

妻の分の加給年金の支給額は、2018年度時点で一律年額22万4300円です。

さらに、夫の年齢に応じた加算分があり、1943年4月2日以降に生まれた場合には、16万5500円が特別加算として上乗せされ、合計すると、年額38万9800円となります。
夫と妻の年齢差が5歳であれば、妻が60歳から65歳になるまでの5年間に200万円近くの加給年金が支給され、10歳差であれば400万円近くにもなるのです。

ただ、加給年金を受給するには、

・夫が20年以上厚生年金に加入していなければならない（国民年金にしか加入していない場合は対象外）。
・（妻の分の加給年金を受給するには）妻が65歳未満で、妻の年収が850万円未満（もしくは所得が655万5000円未満）でなければならない。
・（子の分の加給年金を受給するには）子が18歳未満（子が障害等級1級、2級であれば、20

歳未満）でなければならない。

といった条件があり、妻が65歳になって、自分の老齢基礎年金を受け取るようになると、あるいは子どもが18歳になると、支給が停止されます（離婚などにより妻や子を扶養しなくなったとき、妻が障害年金を受け取ったときなども支給停止となります）。

ですから、**もし夫が繰下げ受給をすれば、それだけ加給年金を受け取る年数が減ってしまうかもしれません。**

夫が70歳まで繰下げ受給をし、その時点で妻が65歳を超えていたら、加給年金については、まったく受け取ることができません。

妻が1966年4月1日までに生まれており、かつ厚生年金への加入期間が一定の条件未満であれば、65歳以降、「振替加算」を受けることはできますが、**支給額は加給年金ほどではありません。**

振替加算の支給額は年齢に応じて変わり、2018年前後に65歳になる方（1950〜1955年に生まれた方）の振替加算の額は、月額4000〜7000円程度（年額5万〜8万円程度）、1965年生まれの方の場合は、月額1252円（年額1万5028円）となります。

なお、**加給年金や振替加算を受け取るためには、手続きをする必要があります。**老齢厚生年金の受給時に、加給年金の対象になるか確認し、申請を行うのが一般的ですが、お近くの年金事務所や年金相談センターで申請を行うこともできます。

手続きに必要な書類は、以下の通りです。

・老齢厚生年金・退職共済年金　加給年金額加算開始事由《じゆう》該当届
・受給予定者の戸籍抄《しょう》本もしくは戸籍謄《とう》本
・世帯全員の住民票の写し
・加給年金の対象者全員の所得証明書

ちなみに、子どもについては、一人目と二人目には年額各22万4300円が、3人目以降には各7万4800円の加給年金が支給されますが、**もし18歳未満の子どもがいた場合、受給繰下げのタイミングによっては、やはり加給年金をもらいそびれてしまいます。**

繰下げ受給を考えている人は、繰下げによる加算分と加給年金による加算分をしっかり比較したうえで、結論を出しましょう。

一方で、繰上げ受給にも、「受給額が減ってしまう」こと以外に、人によっては次のようなデメリットが生じる可能性があります。

・繰上げ後の老齢基礎年金と障害基礎年金の併給は認められていないため、どちらか一方を選ばなければならない。

・老齢基礎年金の繰上げ請求後に、遺族厚生年金の受給権が発生した場合、65歳になるまでどちらか一方しか受給できず、繰上げ請求した意味がなくなってしまう。逆に、繰下げ受給待機期間中に、障害年金や遺族年金などの受給権が発生した場合は、その時点で繰下げ請求をするか、本来の65歳での受給をするかの選択となる。

・寡婦《かふ》年金（後で詳しく説明します）の請求（もしくは受給）ができない。

このように、**年金の仕組みはなかなか複雑であり、知らずに「損」をしてしまうこと、もらえるべきものをもらいそびれてしまうこともたくさんあります。**

受給年齢の繰上げや繰下げ、加給年金、振替加算の内容や申請方法などについて詳しく知りたい方は、お近くの年金事務所、年金相談センターに問い合わせるか、

「ねんきんダイヤル」

0570-05-1165

（自分の電話番号が050から始まる場合は、03-6700-1165）

に問い合わせましょう。

POINT

・妻が夫より年下の場合は、加給年金がもらえるかどうかを調べよう。
もし受給できる場合は、手続きを忘れずに。

所得税が半分になる「扶養親族等申告書」は必ず提出しよう

さて、これまで「老齢基礎年金の満額支給額は、年額77万9300円」「2016年度の老齢厚生年金受給者の平均年金額は、年額177万5124円」といったお話をしてきましたが、**実際にみなさんが手にする額は、ここからさらに減ってしまう可能性があります。**

というのも、公的年金のうち、障害年金と遺族年金は非課税ですが、**一定額以上の老齢年金（65歳未満は108万円以上、65歳以上は158万円以上）は課税の対象となり、税金（所得税、住民税、復興特別所得税）や社会保険料（国民健康保険料〈74歳まで〉、後期高齢者医療保険料〈75歳から〉、介護保険料）が源泉徴収される**からです。

所得税の額は、年金額から社会保険料をはじめとした各種控除《こうじょ》を差し引いたうえで、税率（所得税率・復興特別所得税率）を乗じて算出されます。

年金以外の収入（給与所得や個人年金保険の年金など）があれば、それらと年金を合算した額に対し、税金や社会保険料がかかります。

きわめて大ざっぱではありますが、**トータルの年収が200万円以下なら10%程度、300万円未満なら15%程度、300万円以上なら20%程度が引かれる**と考えてよいでしょう。

年金以外の収入がない場合、年額200万円前後の年金を受給しても、実際に手にすることができるのは180万円程度、年額300万円前後の年金を受給しても、実際に手にすることができるのは260万円程度となってしまうわけです。

当然のことながら、税金や社会保険料を避けて通ることはできません。

しかし、さまざまな控除を受け、税金の負担を軽くすることは可能です。

そのために、何よりも必要なのが、**「扶養親族等申告書」を提出すること**です。

年金を受給するようになると、受給額が65歳未満で108万円、65歳以上で158万円以上の人に対し、日本年金機構（あるいは共済組合等）から毎年、扶養親族等申告書という書類が送られてきます。

同封されている説明書きを参考にしながら、自身や控除対象配偶者、控除対象扶養親族の名前、性別、電話番号、生年月日、マイナンバー、障害の有無、年間所得見込み額などを記入し、自身のマイナンバー確認書類を添付して、必ず期日までに返送しましょう。

名前に「扶養親族等」とついていますが、たとえ独身で、配偶者や扶養親族がいない人でも、この書類は必ず提出してください。

なぜなら、**扶養親族等申告書を提出した場合としなかった場合では、所得税の税率が大きく変わるから**です。

一般の所得税の税率は、復興特別所得税を含め10・21％ですが、扶養親族等申告書を提出すれば、年金に対する税率が5・105％になります。**この書類を出すだけで、所得税の税額が半分になる**わけです。

また、**扶養親族等申告書を提出すれば、配偶者や扶養親族等を対象にした控除が**

受けられるようになります。

２０１８年時点での所得税における配偶者控除の額は、70歳未満の配偶者がいる場合、年額38万円、70歳以上の配偶者がいる場合、年額48万円であり、16歳以上の扶養親族がいる場合は、32万５００円×人数分の扶養控除が受けられます（老人や障害者を扶養している場合は、控除額はさらに多くなります）。

さらに、**扶養親族等申告書を提出することにより、確定申告を行う必要がなくなることもあります。**

所得税の源泉徴収は「仮の金額を差し引いている」だけであり、年金には年末調整という仕組みもないため、年金受給者は、基本的には自分で確定申告を行い、正しい納付税額を確定させる必要があります。

しかし、

①公的年金等からの収入の合計が、年額４００万円以下である。

②公的年金等に係る雑所得以外の所得金額が、年額20万円以下である。

の2つの条件にあてはまる場合には、「確定申告不要制度」が適用され、扶養親族等申告書の内容をもとに、源泉徴収額が算出されるのです。

ちなみに、②の公的年金等に係る雑所得以外の所得金額とは、年金以外の収入から必要経費等を引いた額（たとえば、アルバイトやパートなどの給与から所得控除等を引いた額や、保険の満期金や個人年金から、過去に払った保険料を引いた額）となります。

たとえば、年金収入が年額180万円で、ほかにアルバイトで年に80万円の給与を得ている人は、確定申告不要制度の条件にあてはまります。

給与自体は80万円でも、給与所得控除（65万円）を引くと、所得は15万円となるからです。

一方、公的年金等からの収入の合計が400万円を超える人や、年金以外の所得が20万円を超える人には、確定申告不要制度が適用されないため、確定申告を行わなければなりません。

確定申告不要制度の条件に該当していても、寄付金控除や医療費控除、社会保険料控除、生命保険料控除などを受けたい場合には、確定申告をしないと還付を受けることができません。

なお、確定申告不要制度があてはまるのは所得税のみであり、**住民税については、申告が必要となる場合もあります。**確定申告をしていない人で、医療費控除など、源泉徴収票記載以外の各種所得控除を受けたい場合や、公的年金以外の所得がある場合は、住民税の申告を行う必要があります。

このように、定年後も税金や社会保険料はついてまわります。

少しでも多くのお金を手にするためにも、しっかりと情報を集め、提出するべき書類はきちんと提出し、受けられる控除はどんどん受けましょう。

年金を受給しているのに、扶養親族等申告書が届かない、もしくは捨ててしまったという場合は、日本年金機構のサイトから、ＰＤＦ形式の扶養親族等申告書をダウンロードすることができますし、お近くの年金事務所または年金相談センターでもらうことも可能です。

POINT

- **年金にも税金や社会保険料がかかる。忘れずに「扶養親族等申告書」を提出し、税負担と確定申告作業の軽減を。**

もし、夫に先立たれたら…。
年金相談センターで、
どの「遺族年金」が
受け取れるか、確認を

みなさんの中に、専業主婦（もしくは専業主夫）の方がいらっしゃるなら、「老後、配偶者に先立たれた場合、遺族年金をどのくらい受け取れるのか」というのは、大きな関心事の一つかもしれません。

遺族年金は、残された家族が困らないようにするため支給されるものであり、亡くなった配偶者が自営業者などで、国民年金だけに入っていた場合は遺族基礎年金が、会社員や公務員だった場合には遺族基礎年金に加え、遺族厚生年金が支給されます。

まず、遺族基礎年金を受け取ることができるのは、「高校卒業前の子どもがいる（子どもが1級・2級障害者の場合は20歳未満までが対象となります）配偶者で、亡くなった人によって生計を維持していた人」であり、**子どもがいない場合、子どもが高校を卒業している場合には支給されません。**

ただ、妻が夫を亡くしたにもかかわらず、子どもがおらず遺族基礎年金を受給できない場合、**以下の要件を満たしていれば、「寡婦年金」を受け取ることができます。**

- 亡くなった夫の、国民年金の保険料納付済期間と免除期間を合算した期間が10年以上ある。
- 夫が障害基礎年金の受給権者でなく、老齢基礎年金を受給したことがない。
- 夫が亡くなった時点の、妻の年齢が65歳未満である。
- 夫によって生計を維持されており、今後も妻の年収が850万円未満（所得が655・5万円未満）である。
- 婚姻関係が10年以上継続していた（事実上の婚姻関係を含む）。
- 妻が、自身の老齢基礎年金を繰上げ受給していない。

寡婦年金の支給対象となるのは、妻が60歳から65歳になるまでの5年間であり、

夫が受け取るはずだった老齢基礎年金の75%が支給されます。

一方で、**遺族厚生年金は、支給対象の年収が850万円未満**（所得が655・5万円未満）**であれば、子どもの有無や子どもの年齢にかかわらず支給されます。**

やはり、亡くなった本人が受け取るはずだった老齢厚生年金の75%が支給されますが、残された配偶者に厚生年金への加入歴があり、自身も老齢厚生年金を受け取れる場合には、以下のうち、より額の大きいものを選択することとなります。

①亡くなった配偶者の老齢厚生年金の75%から、自身の老齢厚生年金を引いた額
②亡くなった配偶者と自身の老齢厚生年金の、それぞれ50%を足した金額から、妻の老齢厚生年金を引いた額

たとえば、亡くなった配偶者の老齢厚生年金の月額が10万円、自身の老齢厚生年金の月額が2万円だった場合、

①は10万円×75％－2万円＝5万5000円
②は（10万円×50％＋2万円×50％）－2万円＝4万円

となりますから、①の5万5000円を、遺族厚生年金として受け取るわけです。

さらに、亡くなった夫が20年以上厚生年金に加入しており、子どものいない（もしくは、子どもが高校を卒業している）40歳以上の妻が遺族厚生年金を受け取る場合には、65歳になるまでの間、中高齢寡婦加算が発生し、受給額が増えます。

中高齢寡婦加算の金額は、遺族基礎年金の75％となります。

このように、**受け取ることのできる遺族厚生年金の金額は、自分自身の老齢厚生年金の額に左右されます。**

自身の厚生年金の額が多い場合、遺族年金が思いのほか少なくなる可能性があるのです。

なお、年金制度は「一人一年金」が原則であり、**遺族厚生年金を受給している人は、寡婦年金を受け取ることはできません。**

また、残された人が特別支給の老齢厚生年金を受け取れる場合、65歳までは、自分の厚生年金と遺族厚生年金のどちらか一方しか受給することができませんから、その点にも注意が必要です。

POINT

・夫を亡くした妻は、「遺族年金」や「寡婦年金」を受け取ることができる。
自身が受け取る厚生年金の額が大きいと、遺族厚生年金があまりもらえなくなることもある。

PART 2 まとめ

●加給年金、遺族年金、寡婦年金、死亡一時金、どれも自分で申請しなければもらえない！

●どの年金がもらえるか、わからなかったら近くの年金相談センターに電話しよう。

電話での年金相談窓口はこちら

「ねんきんダイヤル」

0570-05-1165

（自分の電話番号が 050 から始まる場合は↓）

03–6700–1165

●本書へのご意見・ご感想をお聞かせください。

ご 協 力 あ り が と う ご ざ い ま し た。

郵便はがき

切手を
お貼りください

105-0003

（受取人）
東京都港区西新橋2-23-1
3東洋海事ビル
（株）アスコム

58歳で貯金がないと思った人のためのお金の教科書

読者　係

本書をお買いあげ頂き、誠にありがとうございました。お手数ですが、今後の出版の参考のため各項目にご記入のうえ、弊社までご返送ください。

お名前	男・女	才
ご住所　〒		
Tel	E-mail	
この本の満足度は何％ですか？		％

今後、著者や新刊に関する情報、新企画へのアンケート、セミナーのご案内などを郵送またはeメールにて送付させていただいてもよろしいでしょうか？
□はい　□いいえ

返送いただいた方の中から**抽選で5名**の方に
図書カード5000円分をプレゼントさせていただきます。

当選の発表はプレゼント商品の発送をもって代えさせていただきます。
※ご記入いただいた個人情報はプレゼントの発送以外に利用することはありません。
※本書へのご意見・ご感想およびその要旨に関しては、本書の広告などに文面を掲載させていただく場合がございます。

PART 3

計算はカンタン！

「老後資金は足りている？」答えがすぐわかる老後資金シミュレーション！

あなたの老後の資金がどうなるか、計算してみよう！

PART1とPART2では「年金」について、みなさんにお伝えしてきました。60代以降の生活において、収入面での基盤となる「年金」を、もっとも自分に合ったやり方で、損することなく受け取っていただきたいからです。

そのうえで、ここからは、「60代以降の人生をいかに安心して、より楽しく豊かに幸せに暮らすか」について、具体的に考えてみたいと思います。

まずはみなさんの家計の現状と、資産がどうなっていくかを計算しましょう。

「60歳以降のお金」に関して、漠然とした不安を抱いている人は、家計の現状や今後のお金の流れについて、きちんと把握していないことが少なくありません。

正体が見えないからこそ、よけいに不安になってしまっているのです。

しかし「家計が今、どのような状態にあるのか」「今の生活を続けたとき、お金は何歳までもつのか」といったことが明確になれば、少なくとも「漠然とした不安」はなくなりますし、できること、やるべきことが見えてきます。

できること、やるべきことをやった結果、お金がどれだけ増えるか、お金の寿命がどれだけ延びるかがわかれば、不安は解消されるでしょう。

家計簿をつけていない人、複雑な計算が苦手な人でも、これからお伝えするやり方であれば、簡単に家計の現状と将来を把握することができます。非常にざっくりした結果にはなりますが、60代以降のライフプランを考えるうえでの目安になるはずです。

計算方法は、とても簡単です。

昨年（直近の一年）の収入と貯金額がわかれば、計算ができます。

貯金額÷（生活費－年金額）＝貯金が持つ年数

これで、老後の資金を計算してみましょう。

【STEP1　家計の現状を把握する】

①直近1年間の収入を出す

会社員の方であれば、一番最近受け取った給与明細に書かれている手取り額を単純に12倍し、ボーナス分をプラスしましょう。

資産運用の配当金など、定期的に入ってくる給与以外の収入がある方は、それらもプラスします。

②直近1年間の貯金（資産）額を出す

預金通帳の現時点の残高から、1年前の残高を引いてみてください。

財形貯蓄をしている人、金融商品を買った人は、直近1年間のおおよその貯蓄額、購入額をプラスします。

③直近1年間の生活費を出す

①で出した直近1年間の収入から、②で出した貯金額を引きます。
それが、あなたの家庭が、直近1年間に使った生活費の総額になります。

この生活費をメモし、STEP2に進んで下さい。

【STEP2　年金受給開始時の貯金総額を予測する】

次に、STEP1で算出した直近1年の貯金額をもとに、年金受給開始時にいくら貯金があるかを計算しましょう。

年金を65歳からもらうとしたら、今から65歳までにいくら貯金できるかを考え、年金受給開始時の総貯金額を計算してください。

定年後は収入が下がることも多いため、生活費より収入の方が低くなることが予想できる場合は、今の貯金額から年間の赤字分を引きます。

【ＳＴＥＰ３　貯金が何歳までもつかを計算しよう】

「ねんきん定期便」もしくは、49ページに書かれている計算式を使って、1年間に受給する年金の額を算出しましょう。

さらにそこから、税金と社会保険料分（約10％）を引き、手取り額を出したうえで、次の計算式にあてはめます。

貯金額は予測でかまいません。

年間にかかる生活費は、ＳＴＥＰ１で算出したものを使います。

年金受給開始時の貯金額÷（年間にかかる生活費－年間の年金総額）＝貯金がもつ年数

もし、貯金が１０００万円あったとしても、毎年１００万円の赤字があれば、10年で貯金が底をつく計算になりますね。

なお、ご夫婦に年齢差がある場合、一人だけが年金を受け取る時期と、二人そろって年金を受け取る時期とで年収が変わってきます。

また、「62歳で住宅ローンの支払いが終わる」「64歳のときに家のリフォームをする予定がある」「60歳のときに退職金が入る」など、収入や支出の大きな変化が予想されることもあるでしょう。

そのような場合は、**支払い予定の金額をあらかじめ、貯金から減らして計算する、入る予定の退職金をあらかじめ貯金に足す**などして計算してください。

大事なのは、「今の生活を何歳まで続けることができるか」をきちんと把握することです。

それによって今のままで大丈夫かどうかがわかりますし、もし問題が発生することがわかっても、「どのくらい収入を増やせばいいか」「どのくらい支出を減らせばいいのか」を具体的に考えることができるようになるからです。

もし、想像より早く貯金がなくなってしまうようでしたら、今の生活費を見直す必要があります。

PART4からご紹介する「老後資金の増やし方」を参考に家計の改善に取り組みましょう。

POINT

・まず、家計の現在の状態と、「資産がいつまでもつか」を、簡単に計算しよう。そうすれば、「今、何をすればいいか」「今、何ができるか」が明確になり、将来に対する漠然とした不安が消える。

PART 3 まとめ

●今、持っているお金で足りているか。

●もし、このままの生活を続ければ
何年で資金がなくなるか。

●資金に余裕があるなら、どんな楽しみ方
をするか。

老後資金シミュレーションからわかったことをメモしておこう。

メモ

PART 4

老後資金の増やし方
ステップ①

生活費は「現役時代×0・7」が目安！
ちょっとしたコツで
1500万円以上も節約できる！

ポイントは「固定費」。無理なく減らせて、効果が大きい！

PART3での試算の結果はいかがでしたか？

もしかしたら、「今の生活を続けていたら、思いのほか、貯金が早くなくなることがわかった」とショックを受けている方もいらっしゃるかもしれませんね。


しかし、心配はいりません。

「今の生活を続けていたら、何年後かに貯金がなくなってしまう」なら、収入をさらに増やすか、余計な支出を減らすかすれば、老後資金は少しずつ増えていきます。

収入をさらに増やす方法については、PART5で詳しくお話しするとして、PART4ではまず、余計な支出の減らし方についてお伝えしましょう。


余計な支出を減らすことは、「必要なことに使えるお金」や「自由に使えるお金」を増やすことです。

PART5でご紹介する「お金の増やし方」を実践するためにも、「元手＝時間に余裕のあるお金（すぐに使う必要のないお金）」を作る必要があります。

ですからみなさん、ぜひ余計な支出のカットにチャレンジしてみてください。

なお、ここでは、とても簡単かつ効果的に支出を減らす方法をお伝えします。

「余計な支出を減らす」というと、みなさん、どうしても「やりたいこと、好きなことを我慢する」「節約に節約を重ね、爪に火をともすような暮らしをする」といったイメージを抱かれがちなのですが、**私はそのような「節約」には反対**です。

節約自体を楽しめる人ならよいのですが、たいていの場合、無理な節約は、人から喜びや楽しみ、潤いを奪ってしまいます。

生活を楽しめなければ意味がありませんし、そのようなやり方を何年も続けるのは難しいでしょう。

では、支出のうち、どの部分なら、無理なく減らすことができるのか。

私はご相談者にアドバイスさせていただく際、**まず「固定費」に注目**しています。

「固定費」とは、光熱費や保険料、通信費、自動車関連費用、新聞代やテレビ関連費用、日用雑貨費、教育費などです。

実はこれらの中に、**我慢をせずに減らすことができるものがいくつかある**のです。

さっそく、みなさんの家庭の支出において、固定費が月々いくらぐらいを占めているか、確認してみましょう。

わかる範囲でかまいませんので、114ページの表4に、直近1か月の固定費を書き込んでみてください。

このうち、たとえば光熱費なら、**「電力自由化」の恩恵にあずかる**という手があります。

昔は、電気やガスに関しては、地域で決められていた電力会社としか契約できませんでした。

表4　直近1か月の固定費

項目	内訳	1か月の支出
光熱費	電気代、ガス代、水道代	
保険料①	生命保険、医療保険	
保険料②	損害保険（自動車保険を除く）	
通信費	携帯電話やインターネットの使用料金	
自動車関連費用	ガソリン代、自動車保険料、駐車場代	
新聞代		
テレビ関連費用	NHK受信料、WOWOWやケーブルテレビの料金	
日用雑貨費	シャンプー、化粧品、ティッシュ、ラップなど	
教育費	子どもの学費、塾の費用など	

ところが2016年の4月に電力が自由化され、さまざまな電力会社と電気を契約できるようになりました。

ガスとのセット割、携帯電話料金とのセット割などもあり、月2000円程度の光熱費の削減をはかれる可能性があります。

しかし、数々の固定費の中で、**もっとも簡単かつ効果的にカットできるのは、生命保険・医療保険の保険料**です。

詳しくは122ページ以降で詳しくお話ししますが、60代以降の生活において、保険料の支払いは基本的には不要であり、その支出をなくすだけで、月2000円程度、多ければ3万～4万円程度の削減効果があるのです。

保険料に次いでカットしやすいのは、通信費です。

携帯電話については、料金プランの変更、大手キャリアから格安SIMへの変更などによって、月1000～7000円程度、削減できる可能性がありますし、インターネットに関しては、プロバイダを替えることで、月々の支出を1000〜3000円程度おさえられるかもしれません。

お使いの携帯電話のショップや家電量販店などに確認してみましょう。


自動車を持っている人は、本当に必要かどうかを検討しましょう。

特に、都市部に住んでいて、ふだんあまり車を使わないのであれば、近年普及しつつあるカーシェアリングを利用するという方法もあります。

自動車を手放すことで、駐車場代、燃料代、車検費用、買い替え費用などがすべて不要になりますから、非常に高い削減効果が得られるはずです。

今お話しした**光熱費、保険料、通信費、自動車関連費用などを見直すだけでも、場合によっては月8万円程度のカットが可能**です。
もし、あなたが60歳から85歳までの25年間、月々の支出を5万円ずつカットできたら、5万円×12か月×25年＝1500万円ものお金を作ることができます。

月々8万円ずつなら、8万円×12か月×25年＝2400万円となります。

新聞代やテレビ関連費用などについては、「まったく読みもしない新聞を取り続けている」といった場合以外は、現状のままでもよいでしょう。

日用雑貨費の削減は、我慢が必要なわりにあまり効果が高くないため、特に高価なものを購入している場合以外は、やはり現状のままでかまいません。

さて、こうした支出のカットにチャレンジして、それでもまだ月々の目標額に達しないようであれば、「変動費」に目を向けます。

変動費とは、食費、趣味娯楽費、被服費、交際費、小遣いなど、減らすのに少々我慢が必要な支出です。

まずは、変動費についても、118ページの表5に、直近1か月の額を書き込んでみてください。

表5　直近1か月の変動費

項目	あなた	配偶者	世帯合計
食費			
趣味娯楽費			
被服費			
交際費			
小遣い			

配偶者がいる方は、ご自身の分と配偶者の分を分けて書きますが、食費など分けづらいものに関しては、世帯合計のみ記入していただいてかまいません。

いかがでしょう。

ふだん、何となく使っているお金でも、はっきりと金額を出してみることで「意外と使っている」「思ったほど使っていなかった」など、新たに気づくことがあるのではないでしょうか。

もし、収入に対し、特に多く使っていると感じられる項目があれば、お金の使い方を考えてみてください。

そのうえで**「もう少し支出をおさえよう」と思った項目があれば、やみくもに減らそうとするのではなく、「予算化」してみましょう。**

たとえば、「食費は一日あたりいくらにする」「夫（妻）への小遣いは、ひと月いくらにする」といったルールを作るのです。

趣味娯楽費、被服費、交際費などは小遣いに含めることにして、夫婦がそれぞれ、自分の小遣いの中で、さらに「趣味娯楽費は、ひと月いくらにする」「被服費は、ひと月いくらにする」といった具合に予算化しましょう。

ただし、夫婦で使う分は「夫婦用」として、別途予算化します。

なお、ここで、当社のデータから算出した、年収600万円、奥さまが専業主婦のご家庭の食費と夫婦の小遣いの平均値をお伝えしておきます。趣味娯楽費、被服費、交際費は、夫婦それぞれの小遣いに含まれます。

・食費……3万5213円
・夫の小遣い……2万7300円
・妻の小遣い……5750円
・夫婦用……5000円

みなさんのご家庭の食費や小遣いは、それぞれ、この平均値と比べて多いでしょうか？　それとも少ないでしょうか？

もし、予算化にあたって「何をいくらぐらいに設定すればいいかわからない」と思われた方は、まずは、この平均値を参考になさってみてください。

これらにより、できれば「現役時代×0・7」の生活費を目指しましょう。

POINT

・無理な節約をする前に、まずは固定費の見直しを。光熱費や通信費、保険料などを見直すだけで、月8万円の支出減も可能。

子どもが成人していれば、死亡保険は必要ない

支出をカットする際、もっとも簡単かつ効果的なのは、

①保険料
②通信費（携帯電話使用料）
③自動車関連費用

であるとお話ししましたが、ここから、生命保険について、さらに詳しくお話ししたいと思います。

日本人の、生命保険への加入率の高さは、世界でもトップクラスだといわれています。

実際、生命保険文化センターが2018年に実施した調査によると、何らかの生命保険に加入している世帯は88・7％と、9割近くに及んでいます。

世帯主年齢別の加入率を見ると、世帯主が40〜64歳の世帯の加入率が90％を超え

ており、特に世帯主が55～59歳の世帯の加入率は93・1％と、あらゆる階層の中でもっとも高くなっています。

また、年間の保険料の平均は、一世帯あたり38万2000万円であり、世帯主が50～54歳の世帯が年額平均48万3000円、55～59歳の世帯が45万3000円、60～64歳の世帯が43万9000円と、特に大きな数字を示しています。

「生命保険は、人生で二番目に高い買い物である」とよくいわれますが、仮に世帯主が55歳から64歳になるまでの**10年間、この平均額と同じだけの保険料を払い続けたとしたら、総額４４６万円です。**

かなりの額ですよね。

しかし、それだけの保険料を支払っていながら、50代以上の方で、自分が入っている生命保険の内容や意味、メリットについて正確に把握している人は少ないのではないでしょうか。

みなさん、この機会にぜひ、ご自身の、そしてご家族の生命保険の内容を確認してみてください。

さて、**生命保険のうち、まずチェックしていただきたいのは、死亡保険（死亡保障）**です。

死亡保険とは、被保険者が死亡した際（もしくは、高度障害等により働けなくなった際）に、残された家族にまとまった保険金が支払われるというものであり、定期的に更新をしていく「定期型」、一生涯の保障が得られる「終身型」、保険期間が満了するまで生存していた場合に、死亡保険金と同額のお金が受け取れる「養老保険」などがあります。

定期型は、基本的には掛け捨てであり、支払った保険料は返ってきません。そのため、若いうちは保険料が安いのですが、年齢を重ね、死亡するリスクが高くなるにつれて保険料も上がっていきます。

終身型は、一定の保険料を長期にわたって払い続けるというもので、保険料自体は比較的高額ですが、途中で解約した場合には解約返戻金が返ってきます。

生命保険に加入する動機として、もっとも多いのは、おそらく「自分がこの世を去ったとき、残された家族が生活に困らないように」というものではないかと思います。

ところが、厚生労働省が発表している人口動態統計を見ると、2017年の年齢階層別の「10万人あたりの死亡者数」は、50～54歳で237・3人、55～59歳で366・8人、60～64歳で580・3人、65～69歳で936・7人です。

70代になると、70〜74歳で1415・2人、75〜79歳で2321・4人と4桁になりますが、一年の間に亡くなる人の数が、70代後半でも10万人中2500人弱、つまり2・5%未満ですから、そもそも**50代から70代で死亡する確率自体が、きわめて低い**ことがわかります。

また、やはり生命保険文化センターの調査によると、死亡保障の金額については、世帯主が50〜54歳の世帯の平均が3183万円ともっとも高く、55〜59歳の世帯が2618万円、60〜64歳の世帯が2493万円、65〜69歳の世帯が1615万円となっています。

もちろん、まだ幼い(高校卒業前の)子どもがいる場合には、一人あたり1000万〜1500万円程度の死亡保障があれば、いざというときの学費の支払いを考えると心強いかもしれません。

ですが、おそらく**子どもが成人している50～60代の方であれば、それほど多くの死亡保障は必要ない**と私は思います。

特に、持ち家であれば家賃はかかりませんし、厚生年金に加入していれば遺族厚生年金が支給されます。

家族がこの世を去れば、葬儀などで何かと物入りになるため、２００万～５００万円程度の死亡保障であれば残しておいてもいいかもしれませんが、**１０００万円を超える多額の死亡保障がついている定期型の死亡保険は解約しましょう。**

ただし、終身型の保険の場合は、年数がたつにつれて解約返戻金《へんれい》が増えていくため、途中で解約すると、損をしてしまうおそれがあります。

そのため、**終身型の保険に入っている場合は、解約する前に、まず「払済保険《はらいずみ》」への変更が可能であるかどうかを確認しましょう。**

払済保険とは、契約中の保険について、解約せず保険期間もそのままで、保険料の支払いだけを中止するというものです。

死亡時に受け取れる金額は少なくなり、付加していた特約は消滅するものの、以後、保険料の支払いがなくなり、払済保険への変更後も解約返戻金は継続して増えていくため、無駄や損失をおさえつつ、家計への負担を減らすことができます。

以上を参考にしつつ、死亡保障について、整理してみてください。

POINT

- **生命保険を断捨離すれば、もっとも無理なく効果的に支出を減らすことができる。特に死亡保険は、ほとんどの60代にとっては不必要。**

医療保険に入るなら、「お守り感覚」で安価なものにする

では次に、生命保険のうち、医療保険（医療保障）についても確認してみましょう。

医療保険とは、基本的には、病気やケガで入院した際の費用を保障するものであり、近年では、手術を受けたり通院したりした際に給付金が受け取れる医療保険も増えています。

特に、年齢を重ねれば重ねるほど、どうしても体に不調が生じやすくなるため、入院や手術を伴う病気やケガをしてしまった場合の医療費の負担を心配して、医療保険に入ったり、医療特約をつけたりする中高年の方は少なくありません。

また、「日本人の2人に1人ががんにかかり、3人に1人ががんで死亡している」といった情報から、がんに対する恐怖心を抱き、がん保険に入ったり、がん特約をつけたりする人もいるでしょう。

しかし私は、こうした医療保険・医療特約も、基本的には不要だと思っています。**健康保険に加入していれば、「高額療養費制度」を使うことができる**からです。

高額療養費制度とは、被保険者や被扶養者が、同じ月内に支払った保険診療の医療費の自己負担額が一定の額（自己負担限度額）を超えた場合、超えた分の医療費が後で還付されるというものです。

自己負担限度額は、被保険者の年齢（70歳未満か70歳以上か）および所得状況などによって細かく設定されていますが、**ほとんどの場合、8万〜9万円を超える分については、高額療養費として払い戻されます。**

同じ月に複数の医療機関にかかった場合や、同じ健康保険に入っている同じ世帯の複数の人が病気やケガをした場合には、それらの医療費を合算することもできます（ただし、合算できるのは、ひと月にそれぞれの医療機関で2万1000円以上の医療費を支払った場合のみ)。

たとえば、自己負担限度額約9万円の世帯で、手術や入院のため、ひと月に夫が30万円、妻が20万円の医療費を別々の病院に支払った場合、自己負担限度額を超える約40万円分が、後で戻ってくるのです。

また、「一時的ではあっても、高額な医療費を払うのは難しい」という場合は、市区町村の役所の窓口で「限度額適用認定証」の交付を申請し、医療機関等の窓口に提示すれば、自己負担限度額以上の支払いが免除されます。

医療保険の保険料分を貯蓄に回して、自己負担上限額相当分を用意し、高額療養費制度をうまく使えば、医療費について、あまり心配する必要はないでしょう。

ただ、入院中の食事代や日用品代、差額ベッド代、あるいは先進医療や人間ドッグといった保険がきかない医療費は加算の対象とはなりませんし、同じ治療でも月をまたいでしまい、ひと月の医療費が自己負担限度額に達しなかった場合も対象外となります。

医療保険は、決してコストパフォーマンスの高いものではありませんが、最近では、保険料月額2000円以下で、先進医療特約のついた、入院給付金日額5000円程度の医療保険がいくつも出ています。

「長期入院や医療費負担が少しでもあるときつい」という人や、「いざというときに、医療費の自己負担分を支払えるだけの貯蓄ができる自信がない」という人は、**あくまでも「お守り感覚」で、そのあたりの商品を検討してみるとよいかもしれません。**

なお、高額療養費について詳しく知りたい方、高額療養費の請求をしたい方は、加入している健康保険（勤め先の健康保険組合、全国健康保険協会、市区町村の役所の国民健康保険窓口など）に問い合わせてみてください。

POINT

・高額療養費制度をうまく使えば、医療保険は必要ない。もし入るなら、できるだけ負担が少ないものを選ぶ。

PART 4　まとめ

●固定費のコストカットで
1500万円以上も節約できる！

●固定費には、「埋蔵金」が埋もれている。

●通信費、自動車関連は効果が高い！

●老後の保険は、ほとんど必要ない！

●高額療養費制度については、
市区長村の役所の国民健康保険窓口に
相談しよう！

PART 5

老後資金の増やし方
ステップ②

幸せな老後に「資産運用」は外せない！
ギャンブル性ゼロ、元本保証の米国債で
着実にお金を増やそう！

60歳から始める投資は、手堅く、安全に資産を増やせるもので!

PART5ではいよいよ、「収入をさらに増やす方法」についてお話ししましょう。

60代以降の収入の基盤となる年金を「損することなく」受給する方法を学び、余計な支出をカットできたら、今度は「資産運用」、つまり、投資によってお金を増やしていきます。

過去に一度も投資をしたことがない人、あるいは投資に失敗した経験がある人は、もしかしたら、投資を「怖いもの」と思っていらっしゃるかもしれません。

「難しくて、素人には無理」「投資で儲《もう》かるのは、ひと握りの人」という印象を抱いている人もいるでしょう。

しかし、**そのような考えは、今すぐ捨ててください。**

たしかに、世の中には、リスクが高い投資、損をする可能性の高い投資もありますが、**この本で紹介する方法なら、ギャンブル性はなく、安心・安全に、手堅く資産を増やすことができます。**

決して怖くない「投資」もあるのです。

そもそも、みなさんがふだん、当たり前のように行っている「預金」も、立派な資産運用であり、投資です。

金融機関は、預金者が預けたお金を利息をつけて企業に貸し出し、その利息の何パーセントかが預金者に還元されます。

つまりみなさんは、預金を通して間接的に企業に投資し、利息を受け取っているわけです。

しかし、預金は今、もっとも効率の悪い資産運用の一つだといえます。

日本では、ここ何年も、超低金利時代が続いています。

かつて、バブル期には銀行の定期預金の金利が6％に達したこともありましたが、現在の金利は0・01〜0・02％、多くても0・1％程度の金利しかつきません。

金利0・01％ということは、たとえ100万円を10年間預けても、受け取ることのできる利息はわずか1000円です。

ところが、100万円を投資に回し、年利1％で10年間運用すれば、利益は10万4620円となります。

しかも**年利1％を実現するのは、投資においてはそう難しいことではありません。**

私がこれまでアドバイスさせていただいたご相談者の中にも、投資を始めることにより、少しずつ、しかし着実に資産を増やしていらっしゃる方がたくさんいます。

ですから、みなさんもぜひ、**60代以降の生活をより安心で豊かなものにするため、投資にも目を向けてみてください。**

ただ、最初にお伝えしておきたいことがあります。

投資をする際には、「時間に余裕のある資金」を使うようにしてください。

たとえば「来年、家のリフォームをするための資金」など、すぐに使う予定のあるお金は、現金のまま置いておきましょう。

私が考える「運用に回してもいいお金の額」は、以下の通りです。

現時点の貯金－3か月分の生活費－3年以内に使うまとまったお金

過去のご相談者のみなさんのケースなどを考えると、収支がプラスであれば、「収入－支出」の半分くらいは運用に回しても支障がないことが多いのですが、まずは先ほど挙げた額を上限の目安としましょう。

また、**ハイリスク覚悟で大儲けを狙う必要はありません。**

家計や資産の整理ができれば、ハイリターンを得るために無茶な運用をしなくても、1～2％程度の利回りで、60代以降の生活に必要なお金は十分に手に入れることができます。

それでは次ページから、さっそく、ギャンブル性がなく、安心・安全に、手堅く資産を増やすことができる、「怖くない投資」のやり方をお伝えしましょう。

POINT

・収入が大きく減る60代以降、より豊かな生活を送るうえで、手堅くリスクの低い投資＝資産運用は、心強い味方となる。

米国債こそが最高の投資！「失敗するリスク」が低く、手堅く増える！

投資を始めるためには、まず、証券会社に口座を開設する必要があります。世の中には数多くの証券会社があり、どこにすればいいか迷ってしまうかもしれませんが、インターネットが苦手な人は、野村証券、ＳＭＢＣ日興証券などの支店に行き、口座開設の手続きをしましょう。

インターネットに慣れている方であれば、ネット証券を利用されることをおすすめします。

自宅で口座開設の申し込みをすることができ、手数料が安く、扱っている商品も豊富だからです。

ネット証券の中では、手数料が手ごろで、扱っている商品も多い「マネックス証券」「ＳＢＩ証券」「楽天証券」あたりがおすすめです。

さて、証券会社では投資信託、株式（個別株）、債券など、さまざまな金融商品を買うことができますが、「60代以降の生活をより安心で豊かなものにする」という目的に合う商品は、そう多くはありません。

後で詳しく説明しますが、個別株はリスクが分散しづらいためギャンブル性が高くなりますし、投資信託も玉石混交です。

特に金融機関のすすめる投資信託の中には、リスクも手数料も高いものが少なくありません。

比較的安全性の高い投資信託であっても、その時々の経済情勢にどうしても左右されるため、解約のタイミングによっては、元本割れしてしまうおそれがあります。

しかし、数ある金融商品の中で、たった一つ、みなさんに自信をもっておすすめできるものがあります。

それは

米国債（特に利付国債）

です。
米国債は、

- **元利（元本と利息）の支払いが保証される**
- **ギャンブル性がほぼゼロ**
- **一定の利益が継続的に入ってくる**

という、まさに「いいことづくめ」の商品なのです。

では、米国債について、もう少し詳しくお話ししましょう。

米国債とは、その名の通り、米国の財務省が発行する国債です。

国債とは、「国庫《こっこ》債券」の略であり、国の資金の不足などを補うために発行されるもので、国債を買うことは「その国にお金を貸している」ということになります。

私がみなさんに米国債をおすすめするのは、以下の4つの理由からです。

①難しい知識が要らず、手間もかからない。
②先の収入が計算でき、自分のライフプランに基づいて商品を選ぶことができる。
③信頼性が高く、安心・確実にお金を増やすことができる。
④利回りが高い。

①と②は米国債に限らず、すべての国債に共通していえることですが、基本的には、一度買ってしまえば、あとは利払日《りはらい》（利息が支払われる日）に利息が振り込まれたかどうか、償還日《しょうかん》（定期預金の満期日のようなもの）に元本が戻ってきたかどうかを確認すればいいだけであり、**毎日値動きをチェックしたり、売買のタイミングを見計らったりする必要がありません。**

より大きな利益を得ようと思えば、為替レートをチェックし、有利なタイミングで売買したりしなければなりませんが、**そこまでしなくても確実に資産を増やすことができる**のが国債のいいところです。

また、ほかの金融商品と違って、**国債は購入時に利回りがわかるため、どのタイミングでいくらお金が入ってくるか計算しやすく、収支の計画が立てやすい**という良さもあります。

次に③および④についてですが、

米国債は、米国政府が元利の支払いを保証してくれています。

そして、主要な信用格付け会社である、ムーディーズ、スタンダード&プアーズ（S&P）、フィッチ・レーティングス（フィッチ）はそれぞれ、米国債に対し、ムーディーズ、Aaa、S&P　AA+、フィッチ　AAA、という高い評価を下しています。

国債には常にデフォルト（債務不履行《りこう》）のリスクがあり、デフォルトが発生すれば、元本割れすることもありますが、米国債がデフォルトになれば、世界中の金融システムが破たんするおそれがあり、その可能性はきわめて低いといえるでしょう。

加えて、２０１８年12月現在、主要先進国の国債の利回り（10年もの）は、

アメリカ　２・９％前後

日本　０・０６％前後

ドイツ　０・３％前後

フランス　０・７％前後

イギリス　１・３％前後

カナダ　２・１％前後

となっており、**米国債の利回りがきわめて高くなっています。**

ちなみに、主要先進国のうち、イタリアは3・0%前後、ロシアは8・7%前後であり、ほかにもアルゼンチン20%前後、エジプト18%前後といった高利回りの国債もありますが、いずれも信用格付けは、B3~Baa3（ムーディーズ）、B~BBB（S&Pおよびフィッチ）とあまり高くありません。

さらに、資産を外国の通貨で運用する際には必ず為替リスクが発生しますが、**米ドルは為替変動幅が小さいわりに利回りが大きく、為替リスクの影響を受けにくい**といえます。

購入時に、米国債の中でも特に利回りが高いものを選べば、為替リスク低減になり、安定的な収入を得ることができるでしょう。

安全性と利回りを総合的に考え合わせると、**米国債が圧倒的に有利**なのです。

「安全性が高く、利回りが良い」とされている投資信託でも、昨今、約3％の利回りで運用し続けるのは、そう簡単ではありません。

米国債を買い、手堅く利益を得ることこそが、みなさんの60代以降の生活にとって力強い味方となり、安心をもたらしてくれるのです。

POINT

・米国債なら難しい知識が不要で手間もかからず、安心・安全に資産を増やすことができる。

米国債の「利付国債」の運用で、半年ごとにお金を受け取ろう！

ところで、ひと口に「米国債」といっても、さまざまな商品があります。ここでは、どれを選べばいいのかを、より詳しくお伝えしましょう。

まず、国債は「利付《りつき》国債」と「割引国債」の2つに分けることができます。それぞれの特徴は、以下の通りです。

【利付国債】
半年ごとに利息（クーポン）を受け取ることができ、償還日になると、元本（額面価格と同額の金額）が戻ってくる。

【割引国債】
半年ごとの利息の支払いはないが、購入価格は、償還日までの利息分を額面価格から割り引いたものとなっており、「ゼロクーポン債」ともよばれる。償還日になると、額面価格と同額の金額が支払われ、額面価格と購入価格の差額が購入者（投資家）の利益となる。

このうち、みなさんはぜひ、

利付国債

を選んでください。

割引国債は、購入金額が安く、利回りがいいことも多いのですが、利益を手にするためには、償還日まで待たなければなりません。

しかし、

利付国債であれば、半年に１回、利息が支払われます。

この利息が収入に加わることで、60代以降の生活は大きく変わるはずです。

なお、米国債の商品は、多くの場合、表6のような形で紹介されています。

米国債には、償還日までの期間が1年以下のもののもあれば、10年のものや30年のものもありますが、利付国債のうち、**償還日まで1年未満の短期国債には「トレジャリービル」、10年を超える長期国債には「トレジャリーボンド」といった名前が、割引国債には「ゼロクーポン債」といった名前がついています。**

買いたいと思った米国債が利付か割引か判断できないときは、証券会社の担当者に確認してみてください。

また、単価というのは購入価格のことであり、通常は額面価格に対するパーセンテージで示されます。

残存期間というのは、購入した日から償還日までの日数です。

実は、日本の証券会社が新たに発行された米国債を扱うことは少なく、購入できる米国債のほとんどが、発行されてから時間がたっている「既発債」です。

そのため、購入時点の経済情勢などに合わせて価格が変化しますし、2013年4月末に発行された償還日2023年4月末のトレジャリーボンド（10年もの）を2018年12月末に買ったとすると、残存期間は4年4か月となります。

では、仮に、投資に回せるお金が1000万円あったとして、米国債を運用した場合、どのくらいの利益が得られるの

表6　米国債の商品の例

アメリカ合衆国国債　2023/7/30 満期　米ドル建 トレジャリーボンド

年率 (税引前)	2.750% (米ドルベース)	申込数量	—
単価	100.92%	約定数量	—
利回り (税引前)	2.538%	販売単位	100 米ドル以上、 100 米ドル単位
利払日	毎年 1/31、7/31	残存年数	約 4.7 年
償還日	2023/07/31	発行体格付	AA+(S&P)/ Aaa(Moody's)

かを、大まかに計算してみましょう。

2018年12月現在の為替レートは、1米ドル＝112円前後ですが、話をわかりやすくするため、

・購入価格＝額面価格（単価100％）
・償還日が20年後
・年利3％

の米国債（利付）を、1米ドル＝100円のときに買ったとします。

まず、購入できる米国債は、

1000万円÷100円＝10万米ドル

分となり、1年間にもらえる利息は、

10万米ドル×3%＝3000米ドル

償還日の20年後までにもらえる利息のトータルは、

3000米ドル×20年＝6万米ドル

1米ドル＝100円で計算すると、

1年あたりの利息　30万円

トータルの利息　600万円

となります。

万が一、購入後に為替レートに大きな変動があり、1米ドル＝80円になったとしても、

80円×16万米ドル（元本10万米ドル＋利息6万米ドル）＝1280万円

ですから、トータル280万円、28％の利益が生じ、1年あたり1・4％の利回り（28％÷20年）は確保できるのです。

・ギャンブル性がほとんどゼロで、安全性が高い。
・長年にわたり、まとまった額の利息を受け取ることができる。
・利回りが高く、為替変動のリスクもかなりカバーできる。

そう考えると、米国債の運用は、かなり魅力的だといえるのではないでしょうか。

なお、**国債は、基本的には償還までの期間が長いほど、トータルの利回りが良くなります。**

商品を選ぶ際には、ご自身のライフプランに沿って「何歳から何歳まで、どのタイミングで利息を手に入れたいか」「いつ元本が戻ってきてほしいか」を考えて、利払日や償還日を確認し、そのうえで、より利回りのいいものを選ぶとよいでしょう。

ただ、**米国債の流通量には限りがあり、欲しいときに買えない可能性もあります**から、店頭もしくはネットで在庫を確認しましょう。

米国債は、1000米ドルから買えるものから、数万ドル必要なものまで、さまざまです。

ご自分の予算に応じて、購入する米国債を検討してください。

また購入する際には、年間の利息がいくらになるのかも、同時に確認するとよいでしょう。

今後の計画を立てる上で、役立ちます。

さらに、購入手数料を値段に含めている証券会社が多く、**同じような商品でも証券会社によって値段や利回りが異なりますし、為替手数料（購入費用を円から米ドルに両替する際にかかる手数料）も証券会社によって違います。**

購入した米国債は証券会社に預けることになりますが、証券会社によっては、口座管理手数料がかかることもあります。

いろいろな条件を考え合わせると、インターネットでの取引に慣れている方で、一回につき1000米ドル以上の米国債を買うのであれば、手数料が比較的安いマネックス証券を利用するとよいでしょう。

インターネットでの取引に自信がないという方は、野村証券やSMBC日興証券の店頭で購入しましょう。

米国債を買う際に注意するべきポイントは以上ですが、最後にお伝えしておきたいことがあります。

それは、

「購入した米国債は、できるだけ償還日まで持ち続けていただきたい」

ということです。

米国債は世界中の投資家によって取引されており、流動性が高い（いつでも売却できる）ことが魅力の一つでもあるのですが、償還日前に手放すと、タイミングによっては元本割れするなど、せっかくの「うまみ」が損なわれてしまうおそれがあります。

最大限のリターンを手にするため、どうしてもまとまった現金が必要になった場合を除き、購入した米国債は償還日まで持ち続けましょう。

POINT

・米国債のうち、特に「トレジャリーボンド」などの名前がついている「利付国債」は、毎年利息が支払われ、償還日には元本も返ってくる。
ライフプランと考え合わせ、ちょうどよい長さの商品を選び、償還日まで持ち続けよう。

金融機関がすすめる投資信託は、絶対に買わない

すでにお話ししたように、60代以降、より安心して豊かに生活するために、まず購入するべき商品は、米国債（利付国債）です。

しかし、みなさんの中には「ほかの金融商品や投資方法も試してみたい」という方もいらっしゃるかもしれません。

基本的には、米国債の運用だけで十分ですが、ここからは「米国債ほどではないものの、比較的低リスクで、手堅くリターンが得られる商品」や、ほかの投資をする際の注意点について、お伝えしたいと思います。

まず、投資初心者でも、まとまった資金がなくても、誰でも手軽に始めることができ、失敗が少ないのが、投資信託だといえるでしょう。

「数多くの投資家が少しずつお金を出し合い、投資のプロ（ファンドマネジャー）がそれらをまとめて運用し、得られた利益を投資家に分配する」

それが、投資信託の仕組みです。

そして投資信託は、一つの商品の中にさまざまな国や会社の株式・債券がセットになった「詰め合わせパック」になっています。

世界には、おびただしい数の株式や債券があります。

その中から、利益が得られそうな株式や債券を見つけ出し、適切なタイミングで売買するためには勉強が必要ですし、個別株の場合には「その企業の株価が暴落する」「その企業が倒産する」といったリスクがついてまわります。

リスクを避けるため、複数の会社の株式を買おうと思ったら、ある程度まとまった資金も必要となります。

その点、投資信託なら、一つの商品を買うだけで、投資のプロが選んだ複数の企業の株式や債券を手に入れることができるのです。

もっとも、投資信託の中にも、ハイリスク・ハイリターンの商品や「手数料ばかり高くてまったく利益の出ない商品」もたくさんあります。

中でも、銀行や証券会社など**金融機関がすすめる投資信託、特に「利回りが高い」「人気商品」といった宣伝文句で販売されているものには、手数料が高い商品や利益が出にくい商品が多く含まれている**ため、気をつけましょう。

実際、金融庁が、国内の29の銀行窓口で投資信託を購入した個人客の、購入時と2018年3月末の投資信託の評価額（手数料を引いた、実質的な手取り額）を比べたところ、株価が上昇基調で、損をしにくい時期だったにも関わらず、**46％の人の運用損益がマイナスだった**という結果が出ています。

「毎月分配金が出る」とうたわれているものにも手を出さない方が無難です。

投資信託を買うと、運用収益の中から、多くの場合は年1回、分配金が支払われるのですが、ときどき、それを月ごとに支払う商品があります。

「毎月お金が入ってくる」という点が、60代以上の方には「年金が増えたようで嬉《うれ》しい」と喜ばれがちですが、ときには、「毎月、分配金を支払わなければならない」

ことが負担になり、運用側が元本を削って分配金を捻出したり、リスクの高い運用を行って、損失を出してしまったりすることがあります。

こうした商品には、くれぐれも注意してください。

「年金以外に、定期的な収入が得られる」という点は同じでも、**米国債の利付国債の方が、毎月分配金が出る投資信託よりも、はるかに低リスクで、確実なのです。**

さて、ではここで、「買ってもいい投資信託」についてもお話ししておきましょう。

「どうしても投資信託の運用をしてみたい」という方に、今、おすすめするとすれば、**「先進国債券型のインデックス・ファンド」**です。

具体的な商品名を挙げるなら、

「三菱ＵＦＪ国際　ｅＭＡＸＩＳ Ｓｌｉｍ先進国債券インデックス」

（三菱ＵＦＪ国際投信）

「ブラックロック　iシェアーズ　ハイイールド債券インデックス・ファンド」

（ブラックロック・ジャパン）


あたりがよいでしょう。

いずれも、やはり100円から購入可能ですが、残念ながらネット証券でしか買うことができません。


ちなみに、インデックス・ファンドというのは「市場平均と連動した値動きをするように作られた投資信託」です。

投資先は機械的に決められ、市場の値動きに合わせてゆるやかに価格が変動するため、大きく利益が出ることもなければ、大きく損をすることもありません。

一方で、より大きな利益を出すため、ファンドマネジャーが知恵をしぼって投資先を決める「アクティブ・ファンド」とよばれる投資信託に比べ、コストがかからないため、「手数料が安い」というメリットがあります。

また、投資信託には、株式を扱うもの、債券を扱うもの、不動産を扱うもの、コモディティ（原油や貴金属、穀物など、先物市場で取引されているような商品）を扱うものなどがありますが、株式には高値感があって、これ以上の成長は少々難しいと考えられ、コモディティからは利息収入が得られません。

一方、国内の不動産を扱った投資信託には、やや割安感があるのですが、やはり今、投資信託を買うのであれば、価格変動の幅が小さく、安定して利息収入が得られる、先進国債券のインデックス・ファンドがよいと私は思います。

ただ、先進国債券型のインデックス・ファンドには、利回りがさほど高くない国の債券も含まれており、どうしてもリターンが少なくなりますから、

効率よくお金を増やしたいなら、やはり米国債を買うのが一番です。

株式への投資をするのであれば、手ごろに買える300円未満の銘柄をためしに買ってみるというのもよいかもしれません。
もっとも、すでにお話ししたように、これから投資を始める人にとって、株式投資はリスクが高く、周期的にも今は難しい時期であるため、くれぐれも余裕のある範囲で行うようにしてください。

POINT

- **金融機関がすすめる投資信託には、手数料が高く利益が出ないものも多く含まれている。**
- **今は、どんな投資信託よりも、米国債を運用した方が、結局は効率よくお金を増やすことができる。**

PART 5 まとめ

●米国債は、魔法の商品！
元本保証で約3%の利回りはほかにない！

●米国債の購入手数料は安い！

●近くの証券会社に出かけて、米国債を相談！

●インターネットができなくても、
店舗で購入できるので、安心！

●店舗で他の商品をすすめられても、
まずは米国債を検討しよう。
手数料の高い商品には手をださない！

PART 6

老後資金の増やし方
ステップ③

「年金」「資産運用」だけじゃない！
人生を豊かにする選択肢を教えます！

保険会社がすすめる「個人年金保険」はいらない

ＰＡＲＴ４で、死亡時の保障を目的とする「死亡保険」、病気やケガで入院したり手術を受けたりした際の保障を目的とする「医療保険」についてお話ししてきましたが、それ以外の目的を持って生命保険に加入する人もいます。

その目的とは「資産形成」です。

ＰＡＲＴ１でお伝えしたように、厚生労働省が発表した「標準的な夫婦二人世帯の、老齢基礎年金と老齢厚生年金を合わせた額」は、月額22万１２７７円、年額にすると２６５万５３２４円です。

一方、高齢夫婦無職世帯の１か月の平均支出額は26万５６３４円ですから、**公的年金だけでは赤字になってしまい、貯金を取り崩しながら生活している世帯が少なくありません。**

そこで、将来を見据えて「個人的に年金を用意しなければ」と考える人は多く、中には、生命保険会社が用意している「個人年金保険」に加入する人もいます。

生命保険文化センターの調査「平成30年度　生命保険に関する全国実態調査」によると、個人年金保険への世帯加入率は21・9％であり、特に世帯主年齢が45～49歳、50～54歳の世帯の加入率が近年顕著に増えています。

個人年金保険とは、定年後もしくは契約時に定めた年齢から年金を受け取ることを目的として、積立もしくは一括で保険料を支払う貯蓄型の保険商品です。

ひと口に「個人年金保険」といっても、商品ごとにさまざまな特徴があり、たとえば年金の受け取り方に注目すると、次のような種類に分けることができます。

【確定年金】

契約時に定めた一定期間（5年、10年、15年など）、年金を受け取ることができる。受取期間中に被保険者（年金の受取人）が亡くなった場合、残りの期間の分は年金もしくは一時金で遺族などに支払われ、受取期間前に被保険者が死亡した場合は、払い込んだ保険料相当額が死亡保険金として支払われる。元本割れのおそれがなく、保険料も安めだが、長生きした場合、途中で年金受給が終わってしまうというリスクがある。

【終身年金】
契約時に定めた年齢から被保険者が亡くなるまでの間、年金を受け取ることができるが、その分保険料は高め。また、被保険者が亡くなると支払いが終了し、遺族に死亡保険金が支払われることもないため、被保険者が早く亡くなった場合は元本割れすることもある。そこで、「受け取り開始後、一定期間中（5年、10年、15年など）に被保険者が亡くなった場合、残りの期間に対応する年金や一時金を遺族などに払う」という保証期間つきのものもある。

【有期年金】

契約時に定めた一定期間、被保険者が生きている限り、年金を受け取ることができる。終身年金同様、保証期間つきのものもあるが、保証期間のない有期年金の保険料が、個人年金保険の中ではもっとも安い。

【夫婦年金】

契約時に定めた一定期間、夫婦のいずれかが生きている限り、年金を受け取ることができる。やはり保証期間つきのものもある。

さらに、運用方法などに注目すると、次のようなものもあります。

【変額個人年金】

保険会社の運用実績によって年金額が変わる。運用がうまくいけば、支払った保険料を上回る年金を受け取ることができるが、逆に元本割れすることもある。さらに、ほかの個人年金保険や投資信託などに比べて、手数料などのコストが高い。ただ、商品によっては運用実績が高いものも存在するため、投資信託との比較が大事。

【外貨建て年金】

ドル、ユーロ、豪ドルなどの外貨によって積立金の運用が行われる。商品によっては、債券で運用するより高い利回りを得られることもあるため、米国債券等と比較し、どちらの方がより効率的に運用できるかを比較検討したいところ。

なお、個人年金保険全体としては、「所得控除を受けられる」（個人年金保険料税制適格特約を付加した場合）、「保険料の支払いが完了する前に解約してしまうと、元本割れするおそれがあり、簡単にお金を引き出せない」といった特徴もあります。

現在、貯金にはほとんど利息がつかず、節税もできないことを考えると、個人年金保険は、保険料と同じ額のお金を貯金した場合に比べればメリットがあります。

ただ、商品の選び方や被保険者の寿命によっては、もっとも必要なときに年金がもらえなかったり、払い込んだ保険料に見合うだけのリターンが得られなかったり、特に変額個人年金などの場合、高い手数料を払ったうえ、大損してしまったりする可能性も十分にあります。

また、従来は60歳を契約年齢の上限とする個人年金保険が多かったのですが、高齢化の進展に伴って、近年、70〜80歳を契約者の年齢の上限とするものも出てきています。

しかし、**個人年金保険は総じて、短期間で十分なリターンが取れるものではなく、年齢を重ねてから資産を増やすのであれば、投資信託や債券の運用の方が効率がよい場合が多い**といえます。

家計を見直した結果、「収入−支出」がプラスで、ある程度経済的に余裕があるという人、自分で投資信託や債券などを運用する自信がないという人であれば、元本割れのおそれがなく、保険料も安めな確定年金を利用したり、利回りの高い外貨建て年金の運用を検討したりするのもありかもしれませんが、**無理に保険料を捻《ねん》出《しゅつ》してまで加入する必要はない**と、私は思います。

POINT

- **短期間で十分なリターンを得るのが難しい個人年金保険は、50代以降には不向き。それよりも、米国債の購入など、効果的な投資を優先させよう。**

自宅を担保にした新しい年金制度、「リバースモーゲージ」

総務省統計局の調査（平成25年　住宅・土地統計調査）によると、２０１３年時点の、日本人の持ち家比率は61・７％。

半数以上が、賃貸ではなく、自分の家に住んでいるということになります。

特に多いのが60歳以上の世代で、60〜64歳は77・６％、65〜74歳は77・４％、75歳以上は75・５％と、いずれも８割に迫る勢いです。

老後、自分の住む家があるというのは、非常に心強いことです。

年金収入の中から家賃を捻出する必要もなく、大家さんの都合などにより、住み慣れた家から追い出される心配もありません。

しかし一方で、持ち家に住んでいる60歳前後のご相談者が、「不動産があるのはありがたいけれど、ローンの返済もあって今まで十分な貯金ができず、月々の生活費が足りるかどうか心配だ」と口にされることも少なくありません。

みなさんの中にも、同様の悩みを抱えている人がいらっしゃるかもしれませんが、そのような方に、**60歳以降の生活資金を作る手段の一つとしてぜひ知っておいていただきたいのが、「リバースモーゲージ」「ハウス・リースバッグ」という仕組み**です。

リバースモーゲージとは「持ち家のある高齢者が、自宅を担保にして融資を受け、老後の資金を一時金もしくは年金形式で借りる」というもので、自治体が運営していたり、金融機関が商品として扱っていたりします。

借りたお金を生きている間に返済する義務はなく、本人が亡くなった後、遺族などが担保となっている不動産を売却し、一括返済します。

通常、金融機関から融資を受ける場合には、借りたお金の使い道が制限されますが、リバースモーゲージで得たお金は、投資や事業資金に用いなければ、生活費に回してもいいし、旅行費用に回してもかまいません。

リバースモーゲージの魅力は、自宅を担保にまとまったお金を手に入れながら、住み慣れた家に住み続けられる点にありますが、老人ホームに入りたくなった場合は、借りたお金を入居費用にしてもいいのです。

ただ、リバースモーゲージにはデメリットや問題点もあります。

まず、債務者（お金を借りた人）が長生きしすぎると、債権者（お金を貸した人）がなかなか担保物件を売却できず、やがて債務額が不動産の評価額を超え、担保割れしてしまう可能性があります。

そこで、リバースモーゲージには契約期間が定められていることがあるのですが、その場合、契約期間を超えて債務者が長生きすると、利息を含めた債務の一括返済を求められます。

返済ができなければ、債務者は家を失うだけでなく、融資も停止されますから、生活できなくなってしまうでしょう。

不動産市場の低迷などによって、**担保となっている不動産の評価額が下がり、担保割れの危険が生じた場合にも、融資額が減らされたり、融資が停止されたりする可能性があります。**

さらに、日本では、不動産評価額は土地に準じて決められるため、リバースモーゲージは一軒家を持っている人が主な対象者となり、マンションに住んでいる人の場合は、条件が厳しく設定されがちです。

ほかに、配偶者との同居しか認められていない点、物件の所有権が移動しないため、固定資産税の納税義務が発生する点、リバースモーゲージを利用するには、推定相続人全員からの同意が必要なためハードルが高い点なども、デメリットといえるでしょう。

一方、**ハウス・リースバッグとは「自宅を不動産会社などに売却して代金を受け取ったうえで、そのまま家賃を払って住み続ける」**というものです。

家を売却してまとまったお金を手にしながらも、住み慣れた家で暮らすことができる点が最大のメリットですが、リバースモーゲージと違って、**手に入れたお金を投資や事業資金に用いてもよく、固定資産税の納税義務はなく、配偶者以外との同居も可能です。**

リバースモーゲージに比べて、対象となる不動産の幅も広く、場合によっては、**後で物件を買い戻すことも可能**です。

しかし、家のローンの残債が売却価格よりも多い場合は、抵当権の解除ができないため、ハウス・リースバッグを利用することができません。

加えて、「売却価格が周辺の相場よりも安くなりやすく、売却後に支払う家賃や買い戻す際の費用が、周辺の相場よりも高くなりやすい」といったデメリットもあります。

このように、問題点はあるものの、**リバースモーゲージもハウス・リースバッグも、「不動産はあるけれど、老後の資金が足りない」という人にとっては力強い味方となりうる制度**です。

デメリットに留意しつつ、必要に応じて、上手に利用しましょう。

現在、さまざまな銀行がリバースモーゲージに取り組んでいます。

銀行によって金利に差がありますが、まずは地元の銀行に相談をしてみてください。

また、ハウス・リースバックについては、「ハウスドゥ」という会社がパイオニアであり、取り扱い件数も多いといえます。

ＣＭもたくさん流しているので、ご覧になったこともあるかもしれません。

ただ、「大切な不動産を老後の資金に変える」という非常に重要な問題ですので、パイオニアとはいえ、簡単に一任せず、お近くのファイナンシャルプランナーなどに相談しましょう。

インターネットでの取り扱いになりますが、「SBI銀行」「インテリックス」といった会社も、ハウス・リースバックを手がけています。

複数の会社を比較しながら、慎重に検討してください。

POINT

・持ち家はあるけれど、貯金がなく、60歳以降の生活費が不安。そんな人は、リスクに注意しつつ、持ち家をお金に換える方法を考えよう。

住み替えや移住で、
家計が劇的に改善し、
楽しい老後を送る人は、
とても多い

これまで、主に「年金について知ることによる収入の増加」「家計の見直しによる支出の削減」「運用による資産の増加」といった観点から、資産を増やし、60代以降の生活をより安心で楽しく豊かなものにするための方法を、いろいろとお伝えしてきましたが、最後に、また少し違った視点からのお話をしたいと思います。

みなさんの中には「家計を見直し、支出を減らす努力もしてみたけれど、どうしても自分にとっての理想の収支バランスが達成できず、運用できる資産もない」という方がいらっしゃるかもしれません。

そのような場合、解決する手段としては、まず「働いて収入を増やす」ことが考えられますが、もう一つ、**「都市部に住んでいる人であれば地方に転居する」「新興国に移住する」**という手段もあります。

私のご相談者の中にも、60代以降、地方に移住することによってお金を長生きさせた方が、何人かいらっしゃいます。

Bさんは、現役時代は東京で会社員生活を送っており、50代までは年収が1300万円あったそうです。

ところが、60歳で定年を迎えた時点での資産は、ローンの返済が終わったマンションを除けば、貯金400万円と退職金1500万円のみでした。

お子さんが生まれたのが遅く、まだ学費が残っていたこともあり、61歳のとき、「老後資金が思った以上に早くなくなりそうで不安だ」と、相談にいらっしゃったのです。

家計の状況を見せていただくと、**もともと収入が高かった割に貯金ができておらず、支出が多いまま収入が下がった状態に陥っており、いずれ家計が破たんするのは明らかでした。**

しかし、Bさんとお話をする中で、ご出身が滋賀県であり、田舎に戻ることも選択肢としてあることがわかったため、私は**東京のマンションを売却して滋賀に戻る選択肢がある**ことを提示し、マンションの売却代金4000万円が今後の生活資金にまわせることと、居住場所を変えることで生活コストを下げられる可能性があることを伝えました。

するとBさんは、マンション売却代のうち1000万円を投入し、空き家になっていた滋賀の実家を大規模リフォームして住むことを考えるようになりました。また「滋賀に移住すれば、今までの人間関係も一度整理されるため、お金の使い方も変わるかもしれない」とのことだったため、家計費を2か月間で見直していただいたところ、毎月の生活費が35万円にまでおさえられることが判明しました。

さらに、マンションの管理費や修繕積立金など、年に40万円かかっていた費用がなくなることによる、家計の大幅な改善も見込めました。

そこでBさんは、お子さんが独立する63歳時点で滋賀に移住することを決意し、同時に、1900万円の貯金のうち1500万円と、マンション売却代のうち、実家のリフォーム費用などを除いた2000万円を、2%の利回りで運用することとなりました。

その結果、もともとは**63歳時点で枯渇する予定だった資産が、30年も長くもつことになった**のです。

このように、**都市部から地方への移住が、家計の改善において大きな効果をもたらす**ことは少なくありません。

ほかに、**お子さんとの同居によって、60代以降の人生が大きく変わった方もいます。**

Cさんは山梨県在住の会社員で、年収は480万円。

ずっと賃貸暮らしをしていて、始めたばかりだという貯金の総額は300万円でしたが、65歳までは年収480万円弱をキープできることがわかっており、60歳のときに「今のうちに老後のことを考えておきたい」と相談にいらっしゃいました。

Cさんはギリギリまで支出を切り詰めている状態でしたが、「30歳の長男が家を買うことを検討している」とのことだったため、2世帯住宅での同居が可能であるかどうかを確認していただきました。

その結果、長男の奥さまにもご賛同いただくことができ、私は**収入があるうちに、親子リレーローンを使って2世帯住宅を購入することを提案**しました。

そして最終的に、住宅ローンのうち13万円をご長男に負担してもらう代わりに、「将来は土地と建物すべてを長男に相続し、Cさんがお孫さんの世話をするほか、食事代や電気代を負担する」という条件が成立し、購入に至ったのです。

ちなみに、建物に太陽光とエネファームをのせたため、光熱費はほぼゼロになりました。

もともとは、**71歳で資産が枯渇するはずだったCさんですが、これによって生活が安定したうえ、お子さんに財産を残すことができました。**

お金を長生きさせる方法は、人の数だけあるのです。

一方、新興国への移住については、たとえば**フィリピンなどは、「特別居住退職者ビザ」（SRRV、Special Resident Retiree's Visa）という制度を設けています。**

これは、各国から退職者を集め、フィリピンでの個人投資を促すというもので、外貨獲得を目的としています。

基本的に35歳以上の外国人を対象としており、SRRVを取得することで、フィリピンへの出入国が何度でもできるようになり、実質的にフィリピンへの永住が可能となります。

SRRVを取得するためには、50歳以上の人は2万米ドル（約240万円）を、50

歳以上の年金受給者は1万米ドル（約120万円）を、フィリピン退職庁指定の銀行に預金する必要がありますが、一定の条件を満たしていれば、そのお金をコンドミニアムの購入や長期リースに使うことが可能となります。

初期費用はかかりますが、フィリピンは物価が日本の5分の1程度であり、年金だけでも十分に生活できますし、年金を海外送金してもらうことも可能です。

60歳以降の人生を考えるとき、こうした選択肢もあるということを、ぜひ知っておいていただければと思います。

POINT

・収入の増加や支出のカットに限界を感じたら、地方や海外への移住を視野に入れると、思いがけない道が開けることもある。

不動産投資は危険なものも。「完全家賃保証」などの営業トークにだまされるな

定年を迎えられる前後に、不動産投資に興味を抱かれる方は少なくありません。「退職金」というまとまったお金が入るのを機に、賃貸用のアパートやマンションを建て（あるいは買い）、家賃収入を得ながら60代以降の人生を過ごす。

定年退職した後も仕事を続けることができ、毎月安定した収入も入ってきますから、セカンドライフの理想的な形の一つであるといえるでしょう。

私自身も株式、債券、投資信託のほか、一棟8部屋の賃貸用不動産を所有しています。

そのせいもあって、よく、50代、60代の方から、不動産投資に関する相談を受けますし、もちろん、**不動産投資を成功させている方もたくさんいらっしゃいます。**

ただ、ときには不動産投資によって、大きな損失を抱えてしまった方の話を聞くこともあります。

ここでは、そうした例を踏まえて、「不動産投資で失敗しないためのポイント」

を、いくつかご紹介しましょう。

まず大事なのは、**「不動産投資を持ちかけてくる営業マンの話を鵜呑《うの》みにしない」**ということです。

退職金が入ると、金融機関からさまざまな投資話などが舞い込んできます。金融機関とつながっている不動産業者、建築ハウスメーカーなどから投資の話が持ちかけられることもよくありますが、中でも多いのが、ハウスメーカーやその系列会社が施工し、一括して借り上げ、管理・運営まで請け負うというケースです。

たいていは「空室が出た分の家賃はメーカーが保証する」とうたい、いかにも「オーナーは資金さえ出せば、何もしなくても家賃が入ってくる」かのように見せていますが、この場合、**保証されるのは、あくまでも「空室分の家賃」だけで、家賃の額までは保証されません。**

一括借り上げの場合、家賃はオーナー一人で決めることができません。

1年ごとや2年ごと、あるいは入居者が替わるごとに管理会社から連絡があり、契約の見直しを要求され、そのたびに家賃が下げられてしまうことが多いのです。

管理会社も、自分たちの利益を削らないよう、先にオーナーの利益を削りにかかります。

仮に、全10戸のアパートを建て、新築時は一室あたり10万円で貸す契約をしていたとしても、数年後に一室あたり9万円になってしまったら、それだけで年間、

一室1万円×12か月×10室＝120万円

の収入減となってしまうのです。

濡《ぬ》れ手で粟《あわ》のような「おいしい話」など、めったにありません。

営業トークに心を動かされそうになったら、必ず信頼できる第三者の冷静な意見を聞きましょう。

もう一つ、不動産投資において大事なのは、**「事前に、しっかりと出口のシミュレーションをしておく」**ということです。

不動産投資は、金融商品への投資に比べ、どうしても動かす額が大きくなります。もともと土地を持っていて、土地の購入費用が要らない人や、自己資金が多く、多額のローンを組まずに済む人であれば、まだいいのですが、そうでない場合は、できるだけ慎重に事を運ぶ必要があります。

「〇年後、家賃はいくらになっているか？」
「〇年後、物件はいくらで売れそうか？」

「〇年後、ローン残高はいくらになっているか？」
「そのころ、収支の累計はどうなっているか？」

といったことをしっかりと考え、不動産投資に関する今後のお金の流れを、あらかじめ表などにまとめましょう。

この**「リスクとリターンのイメージの可視化」ができているかどうかが、不動産投資に成功するか失敗するかの分かれ目である**といってもいいでしょう。

空室リスクはもちろん、日々のメンテナンス費用、設備の老朽化《ろうきゅうか》やそれに伴う修理費用など、不動産物件は時間がたてばたつほどリスクが増え、費用もかさみます。
あらゆるリスクを考慮し、できるだけシビアな見通しのもとで計画を立ててから、不動産投資に踏み切ることをおすすめします。

さて、ここまで少々厳しめな話ばかりしてきました。

実際、不動産投資は、営業マンの話を鵜呑みにしたり、出口をきちんと考えずに手を出したりすると、損をしてしまいがちです。

ただ、一方で、不動産投資には**「株式投資のように一日単位、分単位、秒単位で売買のタイミングをはかる必要性がなく、安定性も高い」**という特徴もあります。

さまざまなリスクをある程度カバーできるだけの資金の余裕があるなら、ここでお話ししたような点に気をつけさえすれば、不動産投資を資産運用手段の候補に入れるというのは、十分にありだと私は思います。

なお、**物件を選ぶ際にもっとも大事なのは、エリアの選択**です。

今後、日本ではますます二極化が進み、人が多く住む地域とそうでない地域の差が、どんどん広がっていくと考えられます。

そのため、大都市圏など、2040年あたりまで人口があまり減らない（もしくは増える）と考えられるエリアに物件を持つことが、最大のリスクヘッジになるはずです。

どのようなエリアであっても、「割安感」のある物件は必ずあるので、しっかりと周辺の相場を調べ、そういった「おトク」な物件を探すようにしてください。

POINT

・「営業トークを鵜呑みにしない」「出口のシミュレーションをしておく」。このポイントをおさえておけば、不動産投資も決して怖くない。

退職金は、老後の生命線。
専門家に相談し、
一番有効な使い道を
見つけよう

「退職金をもらう」というのは、会社勤めをしていた人であれば、誰にとっても一大イベントです。

ほとんどの人が、定年が間近に迫ったころから、退職金の使い道について、あれこれと考えをめぐらせるのではないでしょうか。

ただ、中には、まとまったお金を手にして、ついつい判断力を失ってしまい、「間違った」使い方をしてしまう人もいます。

特に気をつけていただきたいのが、金融機関がすすめる**「退職金プラン」**です。

これは「退職金のうち、約半分を定期預金や外貨定期預金などに預け、残りの半分を投資信託の運用に回したり、ラップ口座（まとまったお金の運用を金融機関に一任するというもの）に預けたりする」「退職金全額を定期預金に預ける」などといったもので、「年5％前後」や「年1％前後」の金利をうたっているものが少なくありません。

ところが、**よく中身を見ると、「年5％前後」や「年1％前後」の金利が適用されるのは最初の3か月だけ**というプランが少なくありません。

しかも、投資信託の購入やラップ口座の管理には、それぞれ2％程度の手数料がかかりますから、結局は損をしてしまうことが多いのです。

退職金は、60代以降の生活を豊かに過ごすための大切な資金。

老後の生命線といっても過言ではありません。

住宅ローンを繰り上げ返済すべきか、住み替えをすべきか、資産運用にどの程度の金額を回すべきかなど、さまざまな選択肢があります。

くれぐれも一時の感情に流されず、しっかりと情報を仕入れ、もっとも有効に使う方法はなにか、考えてみましょう。

もし、退職金の使い方に悩んだり、不安があったりしたら、ファイナンシャルプランナーやファイナンシャルアドバイザーなどの専門家に相談してもよいでしょう。必ずしも専門家の意見に従う必要はありませんが、退職金の使い方について検討する材料は増えるはずです。

セカンドオピニオンのように、いくつかの専門家に相談するのも手です。納得できるまで考え、退職金を大切に使ってください。

POINT

- **退職金は、60歳以降の人生にとっての重要な資金源。ライフプランに沿って、最適の使い道を考えよう。**

どうしても困ったときは、「生活困窮者自立支援制度」の力を借りる

これまで、60代以降の人生を安心して、より楽しく豊かに暮らす方法について、いろいろとお伝えしてきました。

しかし、いま、この本を読まれているみなさんの中には、もしかしたら「老齢基礎年金しか収入がなく、あるいは年金の未払い期間が多く、生活をギリギリまで切り詰めてもやっていけそうにない」「貯蓄や金融商品、不動産などもない」という方もいらっしゃるかもしれません。

何らかの事情で収入が大きく減ったり、途絶えてしまったりしたときのために、社会にはいくつかのセーフティネットがあります。

最初のセーフティネットとなっているのが年金と健康保険ですが、さまざまな事情により、年金などを受給できなかったり、生活していけるだけの十分なお金が得られなかったりする人もいます。

これまでは、「生活保護」が、そのような場合に利用できる最終的なセーフティネットとされていましたが、2013年、生活保護の一歩手前のセーフティネットとして、「生活困窮者自立支援制度」が新たに設けられました。

これは、生活に困っていて、そのままだと生活保護に至りそうな人を包括的、個別的に支援し、自立を促す制度であり、具体的には①自立相談支援、②就労準備支援、③家計相談支援、④子どもの学習支援、⑤住居確保給付金の支給、⑥一時生活支援、といった支援が行われています。

このうち⑤は、「申請時に65歳未満で、かつ離職して2年以内」「ハローワークに求職の申し込みをしている」などの条件を満たす、経済的な事情から住む場所を失った（あるいは失いそうな）人に対し、原則として3か月間、賃貸住宅の家賃を支給するというものであり、③は家計簿などをもとに、相談者の状況に応じた支援プランを作成し、場合によっては貸付のあっせんも行うというものです。

退職し、一時的に生活に困ってしまったときなどは、こうした制度に頼ることも考えましょう。
「生活困窮者自立支援制度」についての相談は、市区町村の福祉事務所や自治体の福祉部門が窓口になっています。

ほかにも、「働いて、少しでも収入を増やしたいのに、なかなか仕事が見つからない」というときは、地域のシルバー人材センターに入会し、仕事をあっせんしてもらうという手段もあります。
世の中にはさまざまな制度が用意されていますから、本当に困ったときには、必ず、市区町村の役所など、公的な窓口で相談するようにしましょう。

POINT

- **社会には、生活に困った人のための、さまざまなセーフティネットが用意されている。本当に困ったときは、公的な窓口に相談し、積極的に制度を利用しよう。**

PART 6 まとめ

●地方への移住は、得が多い。

●著者の母も地方へ移住し、毎月5万円で生活。

●地方への移住で、新しい趣味に出会うことも

●旅行好きなら、好きな旅行地へ移住しても。いつでも旅気分を味わえて、旅行代も浮く！

●退職金の使い方は、お金の専門家に相談しよう。

58歳で貯金がないと思った人のためのお金の教科書

発行日　2018年 12月 25日　第１刷
発行日　2019年　5月　8日　第８刷

著者　田中佑輝

本書プロジェクトチーム
企画・編集統括　柿内尚文
編集担当　栗田亘
デザイン　小口翔平＋岩永香穂（tobuhune）
編集協力　村本篤信
校正　荒井順子
DTP　廣瀬梨江
営業統括　丸山敏生
営業担当　増尾友裕
営業　池田孝一郎、熊切絵理、石井耕平、大原桂子、矢部愛、桐山敦子、綱脇愛、寺内未来子、櫻井恵子、吉村寿美子、矢橋寛子、遠藤真知子、森田真紀、大村かおり、高垣真美、高垣知子、柏原由美、菊山清佳
プロモーション　山田美恵、林屋成一郎

編集　小林英史、舘瑞恵、村上芳子、大住兼正、堀田孝之
菊地貴広、千田真由、生越こずえ、名児耶美咲
講演・マネジメント事業　斎藤和佳、高間裕子、志水公美
メディア開発　池田剛、中山景、中村悟志
マネジメント　坂下毅
発行人　高橋克佳

発行所　株式会社アスコム

〒105-0003
東京都港区西新橋2-23-1　3東洋海事ビル
編集部　TEL：03-5425-6627
営業部　TEL：03-5425-6626　FAX：03-5425-6770

印刷・製本　中央精版印刷株式会社

Printed in Japan ISBN 978-4-7762-1021-4

ベストセラー!
60万部突破!

はじめての人のための
3000円
投資生活

家計再生コンサルタント
横山光昭

新書判 定価：本体1,100円＋税

4千人が大成功!「お金の悩みが消えた!」と大反響のベストセラー!

「貯金感覚」で楽しくできるカンタン投資法

◎50代夫婦：貯金ゼロから1000万円！老後資金の不安が消えた！
◎40代夫婦：8年で貯蓄1200万円！住宅ローンを5年も短縮！

貯金がゼロでも節約が苦手でも1000万円貯まった人続出!

お求めは書店で。お近くにない場合は、ブックサービス ☎0120-29-9625までご注文ください。
アスコム公式サイト http://www.ascom-inc.jp/ からも、お求めになれます。

シリーズ累計
25万部
突破!

女子栄養大学栄養クリニックのさば水煮缶健康レシピ

女子栄養大学栄養クリニック［著］
田中 明［監修］

A5判 定価：本体1,200円＋税

さば水煮缶は最強の健康食!

- たっぷりのEPAとDHAで血液サラサラ!
- コレステロールと中性脂肪を下げる!
- 血糖値と血圧を改善!
- 骨を強くして老化も予防!

お求めは書店で。お近くにない場合は、ブックサービス ☎0120-29-9625までご注文ください。
アスコム公式サイト http://www.ascom-inc.jp/からも、お求めになれます。

購入者だけにプレゼント！

スマートフォン、
パソコン・タブレットで

「58歳で貯金がないと思った人のためのお金の教科書」

の電子版が読めます。

アクセス方法はこちら！

▼

下記のQRコード、もしくは下記のアドレスからアクセスし、会員登録の上、案内されたパスワードを所定の欄に入力してください。
アクセスしたサイトでパスワードが認証されますと電子版が読めます。

https://ascom-inc.com/b/10214

※通信環境や機種によってアクセスに時間がかかる、もしくはアクセスできない場合がございます。
※接続の際の通信費はお客様のご負担となります。